基于过程视角的

创业者调节焦点
对创业决策的影响机制研究

詹雪梅◎著

吉林大学出版社

·长春·

图书在版编目（ＣＩＰ）数据

基于过程视角的创业者调节焦点对创业决策的影响机制研究 / 詹雪梅著 . — 长春 : 吉林大学出版社，2023.5

ISBN 978-7-5768-1839-0

Ⅰ.①基… Ⅱ.①詹… Ⅲ.①企业绩效—研究 Ⅳ.① F272.5

中国国家版本馆 CIP 数据核字（2023）第 121546 号

书　　名：基于过程视角的创业者调节焦点对创业决策的影响机制研究
JIYU GUOCHENGSHIJIAO DE CHUANGYEZHE TIAOJIEJIAODIAN DUI CHUANGYE JUECE DE YINGXIANGJIZHIYANJIU

作　　者：詹雪梅　著
策划编辑：李伟华
责任编辑：李婷婷
责任校对：柳　燕
装帧设计：中北传媒
出版发行：吉林大学出版社
社　　址：长春市人民大街 4059 号
邮政编码：130021
发行电话：0431-89580028/29/21
网　　址：http://www.jlup.com.cn
电子邮箱：jldxcbs@sina.com
印　　刷：廊坊市海涛印刷有限公司
开　　本：710mm×1000mm　　1/16
印　　张：12
字　　数：125 千字
版　　次：2023 年 9 月　第 1 版
印　　次：2023 年 9 月　第 1 次
书　　号：ISBN 978-7-5768-1839-0
定　　价：65.00 元

前　言

　　创业者经常处于高度动态和不确定的环境中，他们的决策或行动几乎没有外在的指导。缺乏指导意味着创业者必须主要依赖于内部资源，自我调节是他们成功驾驭复杂环境的资源之一。个体在实现目标的自我调节过程中会表现出促进焦点倾向或防御焦点倾向。促进焦点倾向于关注希望和抱负，因此受到成就与收益（积极和想要的）/无收益（消极和不想要的）结果的驱动。防御焦点个体关注义务和责任，因此受到避免错误与无损失（积极和想要的）/损失（消极和不想要的）结果的驱动。本书以调节焦点理论为基础，考察促进焦点和防御焦点如何使创业决策发生与开展的作用机制，论证了调节焦点和创业机会评价之间的作用关系，以及调节焦点影响创业机会开发的作用机制。

　　在检验调节焦点对创业机会评价的影响时，以MBA学生为研究对象，共回收183份有效问卷，采用多元回归分析等方法对研究假设进行检验，结果显示，促进焦点与积极的机会评价显著相关，而防御焦点与机会评价相关不显著。风险感知调节防御焦点与机会评价的关系：在风险感知较低的情况下，防御焦点与机会评价的消极关系更显著。

在检验调节焦点对创业机会开发的影响时，本书以因果推理逻辑和效果推理逻辑（包括试验、柔性、事先承诺和可承受损失）作为创业者实现机会过程中的两种决策模式，通过采取线上和线下一对一问卷发放的调研形式，以2006—2016年成立企业的创业者为研究对象，共回收170份有效问卷，并采用因子分析、多元回归分析等方法对研究假设进行实证检验。研究结果发现：（1）促进焦点与因果推理和效果推理各个原则的使用正相关，防御焦点与因果推理、事先承诺和可承受损失原则的使用正相关。（2）因果推理和试验原则的使用正向促进创业绩效，但柔性、事先承诺和可承受损失原则的使用不能显著预测创业绩效。（3）促进焦点通过使用因果推理和试验原则而正向促进创业绩效。（4）在检验因果推理和效果推理对创业绩效的协同效应时，结果表明，只有试验原则会显著加强因果推理和创业绩效的关系。（5）在高度动态的环境下，使用试验原则会积极地促进创业绩效。而在稳定的环境下，使用柔性原则会损害创业绩效，在这种环境下，同时使用因果推理与可承受损失原则也会降低创业绩效。但在高度动态的环境下，使用柔性原则会加强因果推理对创业绩效的积极作用。

本书的价值和创新之处主要体现在四个方面：第一，将调节焦点理论运用到创业机会评价的情境中，弥补了已有研究忽视动机影响创业机会评价的不足，有助于深化动机视角下的创业决策研究成果。第二，将调节焦点与因果推理和效果推理原则的使用联系起来，澄清了各个效果推理原则之间的差异。创业者不仅要考虑他们是使用效果推理模式还是因果推理模式，而且要考虑他们想使用哪个效果推理原则。第三，揭示了效果推理各个原则和因果推理逻辑影响创业绩效的协同效应及其边界条件，为未来研究考虑创业决策逻辑与创业绩效之间的复杂关系奠定了知识基础。第四，在理论上澄清了什么样的人更容易积极评价创业机会，以及他们会采取什么样的行动来实现创业机会，为创业教育和实践提供现实借鉴意义，更有助于创业者反思和调整他们的动机模式，从而带领他们的企业朝希望的方向发展。

本书的结构安排如下：第1章绪论，阐述了研究问题和内容、研究意义、研究方法等，并介绍了整个研究的总体框架。第2章文献回顾，系统回顾调节焦点理论及其在创业研究中的运用，以及本书所依托的理论基础。第3章在阐述关键构念内涵的基础上，探讨调节焦点对创业机会评价的影响机制。第4章探讨调节焦点对创业机会开发的影响机制。第5章对全书进行总结和展望，归纳出全书的主要研究结论，提出本书的主要理论贡献以及对创业教育和实践的意义，并指出研究局限和未来方向。

目 录

第1章 绪 论

1.1 问题提出

成为墓地里最有钱的人对我没什么吸引力。夜半上床时，对自己说，你做了一些了不起的事情。这对我很重要。

——苹果公司创始人乔布斯

我们并没有做错什么，但是不知道为什么我们输了。

——诺基亚 CEO 约玛·奥利拉

诺基亚总裁奥利拉在同意微软收购的发布会上说出这句话时，在场的几十名诺基亚高管不禁纷纷落泪。曾经的通信业巨头，在智能机时代来临时，却轰然倒塌。而苹果以操作顺畅的第一代产品彻底颠覆了人们对触摸屏的印象。

面对同样的机会，为什么有的个体认为它值得追求，而有的个体却对它不屑一顾？在实现创业机会的过程中，为什么有的创业者会根据新的信息而不断调整最初的想法，而有的创业者却遵循计划而固守最初的想法？这些问题关系到个体如何评价某个创业机会以及如何实现该机会。创业机会评价不仅是由创业者感知到某种机会的可行性决定的[1]，也受到他们追求该机会的动机的影响。机会的成功实现不止受到创业者个人特征的影响，也受到个人特征与创业环境要求相匹配的影响[1]。

创业者经常要做出至关重要的决策以引导企业发展的方向，这就使得创业者本身的个人特征对创业的战略、决策和绩效产生极其关键的作用[2]。例如，研究表明，创业者的自恋人格和过度自信导致他们更愿意进入新兴的创业环境中，但由于他们思维的僵化性反而降低了创业成功的概率[1]。创业者的内部控制点也与新创企业的成功相关[3]。从这个方面来说，创业者追求理想目标的方式会影响到他们的决策。近年来，研究者们提出调节焦点理论是将创业者与创业绩效联系起来的一个有效框架。由于创业者经常处于高度动态和不确定的环境中，他们的决策或行动几乎没有外在指导[4]。缺乏指导意味着创业者必须主要依赖于内部资源，例如他们在自我管理活动方面的技能、能力、知识和激情，即依赖于自我调节来成功驾驭复杂环境[4]。个体为达到某个目标而努力改变或控制自己的思想和反应的过程被称为自我调节[5]。个体在自我调节的过程中会表现出某种特定的方式或倾向，即被称为调节焦点。调节焦点理论区分了 2 种不同的调节取向：防御焦点和促进焦点。防御焦点与保护、安全和责任相关，拥有防御焦点的个体倾向于避免损失或挫折，例如，诺基亚 CEO 认为，"我们并没有做错什么"。相反，促进焦点与提高、成长和成就相关，拥有促进焦点的个体倾向于追求收益和新的成就[6]，例如，苹果创始人乔布斯追求产品创新和极致体验。

已有研究强调了促进焦点对创业机会识别和创业绩效有积极的作用，然而在理论上，两种焦点相互结合对创业者更有利[4]。因为先前研究表明，过度乐观和过高水平的积极情感会导致创业者忽视消极信息，并且不愿意从失败的策略或行动中退出[7-8]。所以本书希望探讨调节焦点在不同创业阶段的作用，特别是防御焦点在创业机会评价中的作用。创新是创业的一个核心特征，研究发现促进焦点在创造过程中起到了重要的作用。然而，防御焦点却对创新的有效性发挥着关键的作用[4]。玛德琳·克罗珀、多丽丝·费伊、蒂尔曼·林德伯格和克里斯托夫·梅尼尔发现迭代设计思维过程的不同阶段需要不同的策略以实现成功。当任务指向创造力时，个体表现出高水平的促进焦点，而当任务要求分析时，例如整合或检验创意，个体倾向于表现出高水平的防御焦点[9]。这些结果与乔尔·布罗克纳、托里·希金斯和默里·洛的阐述一致，调节焦点的两个方面对创新都至关重要，促进焦点提供创造性的想法，防御焦点鼓励在执行前对创意进行仔细的评估[10]。因此，防御焦点在创业机会评价中的作用对创业者而言尤为重要，因为他们没有太多的资源来犯错[4]。那么，在什么样的情境下，这些个体对创业机会的评价比较积极？又在什么样的情境下，他们对创业机会的评价比较消极呢？由于创业是一项具有高风险和高失败率的活动，因此，风险感知是影响个体评价创业机会的一个重要情境因素。这也是本书想要探讨的主题之一。

其次，在对创业机会进行评估之后，创业者可能需要考虑如何实现该机会。尽管新手创业者通常会制订详尽的商业计划，但对他们而言，更重要的是开始创业，而不是投入大量时间准备这样的计划[3]。一些研究者指出，效果推理、拼凑和即兴创造对创业者更有用[60]。这些创业行动通常依赖于对现有途径和资源的充分利用以及对环境的动态反应来实现。有研究者提出促进焦点个体比防御焦点个体更可能采取这些方式，因为前者更擅长利用环境中的权变来捕捉机会[4]。自从萨拉斯·萨拉瓦蒂区分了创业决策中手段驱动的效果推理模式与目标导向的因果推理模式[11]，创业研究就十分关注效果推理逻辑[12-13]。效果推理逻辑强调运用现有的途径产生新的机会（试验）、充分利用不可预期的权变（柔性）、获得事先承诺和限制下行损失以控制不可预测的未来。因果推理则强调预测未来和事先提出商业化目标[11]。最近研究者提出，效果推理的各个原则其实反映了不同的认知过程和行为[14]。这使得我们想知道使用这些原则在前因和后果上是否存在差异。探索促进焦点创业者和防御焦点创业者在使用因果推理和效果推理原则上的差异是本书的目的之一。

此外，理论研究提倡在不确定环境下应结合使用因果推理和效果推理逻辑。以案例分析为主的质性研究与一些量化研究也证实了因果推理和效果推理逻辑在创业成长轨迹中的交互使用。例如，卡特琳·斯莫尔卡、英格丽·韦尔赫、卡特琳·布尔梅斯特－兰珀和珀西·赫根斯采用学生创业者为研究对象，通过实证分析发现，在创业中将因果推理和效果推理结合起来的创业者评价他们的创业绩效比竞争者的更好[15]。在案例研究中，佩特拉·安德烈斯、科恩拉德·德巴克尔和巴特·范鲁伊与伊莎贝尔·雷曼等人表明因果推理和效果推理可以同时被使用[13, 16]。而且，佩特拉·安德烈斯等提出环境条件会影响因果推理和效果推理的协同效应[16]。他们认为，在不确定环境下，企业同时关注因果推理和效果推理决策逻辑可能会获得更好的绩效。斯图亚特·里德、迈克尔·宋和威廉·史密特也呼吁更多的研究检验因果推理和效果推理决策逻辑与环境不确定性的关系[17]。因此，本书除了讨论效果推理和因果推理决策之间的理论关系以及它们和绩效的关系，也运用实证方法检验它们对创业绩效的主效应和交互效应，以及环境不确定水平如何影响因果推理和效果推理使用与创业绩效之间的关系。

1.2　研究内容

综上所述，本书关注调节焦点对创业决策两阶段——创业机会评价和创业机会实现的作用。在阶段 1 我们分析创业者的调节焦点如何影响创业机会评价，以及风险感知对两者关系的调节作用；在阶段 2 我们分析调节焦点如何影响因果推理和效果推理原则的使用，以及环境不确定性对因果推理和效果推理原则使用与创业绩效之间关系的调节作用。具体而言，本书包括以下内容：

（1）过去研究探索了认知偏差、情绪和环境异质性等对机会评价的影响[18-23]，而自我调节作为一种典型的动机状态，影响着个体的信息加工方式[4]，因此对认知评价也起到独特的作用。那么不同调节焦点如何影响创业机会评价？这是本书希望探讨的问题之一。其次，风险是创业过程的一个显著因素，对创业者的认知具有显著的影响。虽然创业不可避免地伴随着风险，但不同的创业者对风险的感知不同。因此，风险感知可能会影响到调节焦点与创业机会认知评价的关系。总的而言，研究一探讨调节焦点对创业机会评价的影响，以及在不同风险感知条件下，两者关系的变化，以揭示动机对创业者机会评价的作用机制。

（2）调节焦点对解释创业者在开发和利用机会的过程中所采取的行动也很重要，这直接影响到创业企业的绩效。萨拉瓦蒂区分了创业决策中以行动为特征的效果推理模式与以计划为特征的因果推理模式[11]。效果推理包括运用现有途径产生新的机会（试验）、利用不可预期的权变（柔性）、获得事先承诺和强调可承受的损失。因果推理则强调预测未来和事先提出商业化目标[11]。最近研究者提出，效果推理的各个原则其实反映了不同的认知过程和行为[14]。这就使得我们想知道这些原则在前因和后果上是否存在差异。促进焦点和防御焦点是个体实现理想目标过程中表现出的2种不同倾向，它们直接影响到因果推理和效果推理原则的使用[14]。因此，本书希望深入探索两者的关系。此外，理论研究提倡在不确定环境下应结合使用因果推理和效果逻辑。因此，本书也希望进一步检验使用效果推理和因果推理决策逻辑对创业绩效的主效应和交互效应，以及环境不确定水平如何影响因果推理和效果推理使用与创业绩效之间的关系。总体而言，研究二探讨创业者调节焦点对使用因果推理逻辑和效果推理原则的影响，并探索在不同环境条件下，使用因果推理和效果推理原则对创业绩效的影响，以及两者对创业绩效的协同效应。

1.3 研究方法

本书通过运用情境分析、问卷测量等实证研究方法，量化研究调节焦点对创业机会评价和开发的影响。

首先，在理论发展阶段，我们通过搜索调节焦点、创业机会评价、效果推理理论、风险与不确定性等相关的国内外重点文献，系统深入地总结前人的研究成果，构建调节焦点影响创业机会评价和创业机会实现这两个阶段的初步框架，提出研究假设。

其次，由于创业机会评价处于创业阶段早期，因此本书参考已有文献设计较为真实的创业情境，以在职的 MBA 学生为研究对象，来开展调节焦点对创业机会评价的影响研究。

再次，在研究调节焦点对创业机会开发的影响时，本书采取线上和线下一对一问卷发放的调研形式，以 2006—2016 年成立公司的创业者为研究对象，请创始人完成问卷，以保证数据来源的真实性和数据质量的有效性。

最后，在假设检验和数据分析方面，本书通过使用 SPSS 与 LISREL

等统计软件，对数据进行描述性统计分析、探索性与验证性因子分析、多层线性回归分析等，验证研究假设。

1.4 研究意义

本书对创业研究的贡献主要有以下几点：

第一，尽管已有研究探讨了认知偏差、情绪等对创业机会评价的作用[18-23]，然而自我调节作为一种典型的动机状态，对认知评价也起到独特的作用，因为它影响个体的信息加工过程。过去研究几乎很少检验动机对创业机会评价的影响。调节焦点理论是将动机与创业机会评价联结起来的一个有效框架。它提出两种影响信息加工的动机倾向：促进焦点和防御焦点。促进焦点与提高、成长和成就相关，拥有促进焦点的个体倾向于追求收益和新的成就。相反，防御焦点与保护、安全和责任相关，拥有防御焦点的个体倾向于避免损失或挫折。本书拓展了调节焦点理论在创业决策中的运用。

第二，本书探讨了在不同风险感知条件下，调节焦点影响创业机会评价的作用机制。过去研究确实强调，风险感知是理解创业认知和行为的一个重要因素[19-20, 24]。但这些研究通常忽视它与个体特征变量的交互效应。虽然风险是创业的内生性质，但面对相同的创业情境，个体对情境的感知会有所差异，这种感知差异可能是导致个体产生不同决策的边界条件。

第三，虽然已有研究将调节焦点与创业机会利用的有效性联结起来，但它们之间的关系并不像看起来那么单一，研究者需要考虑个体特征影响创业机会实现的潜在决策机制。一些研究者基于"机会发现观"和"机会创造观"检验了最初商业机会偏离程度在调节焦点和创业绩效之间的中介作用[7]，这个结果打开了调节焦点和创业绩效之间的"黑箱"，然而，这个中介变量还比较模糊（问卷测试只有一道题项），并不能全面地刻画创业者是如何进行决策的，因此对创业者的启发比较微弱。为了填补该领域研究的不足，本书将因果推理逻辑和效果推理逻辑原则作为决策过程，检验调节焦点对这两种决策模式的影响。

第四，效果推理文献一直被诟病的一点是，它将效果推理逻辑看作一个单一的构念，由一组内部一致的观点构成行动的基础，而实际上，这个构念是由不同的认知过程和行为组成的混合概念[25]。而且，过去研究认为效果推理逻辑主要适用于专家型创业者，很少研究分析创业者的决策模式如何受到动机状态的影响。事实上，创业者实现目标的自我调节模式对创业决策具有很大的影响[7]。基于此，本书深入探讨了效果推理原则之间的差异，并补充了效果推理和因果推理逻辑的先行变量。

第五，本书揭示了效果推理逻辑和因果推理逻辑影响创业绩效的边界条件。特别是基于环境特征，分析在动态和稳定的环境条件下，使用因果推理和效果推理原则对创业绩效的影响，以及两者对创业绩效的协同效应。

1.5 研究技术路线

本书以"大众创新、万众创业"为背景，以调节焦点理论为理论基础，一方面，采用 MBA 学生作为研究对象，通过情境设计和问卷调查，分析调节焦点对创业机会评价的影响以及风险感知对两者的调节作用；另一方面，采用创业者作为研究对象，通过线上和线下一对一的问卷调查，分析调节焦点对创业机会实现的影响以及环境不确定性的调节作用。最后，进行总体讨论，提出研究的理论意义、未来研究方向、研究局限以及对创业教育和实践的意义。图 1-1 显示了本书的研究技术路线。

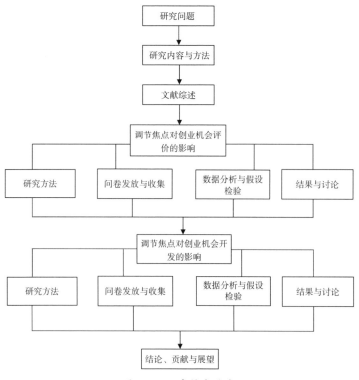

图 1-1　研究技术路线

参考文献

［1］NAVIS C, OZBEK O V. The right people in the wrong places: the paradox of entrepreneurial entry and successful opportunity realization ［J］. *Academy of management review*, 2016, 41(1): 109-129.

［2］WALLACE J C, LITTLE L M, HILL A D, et al. CEO regulatory foci, environmental dynamism, and small firm performance ［J］. *Journal of small business management*, 2010, 48(4): 580-604.

［3］BOONE C, DE BRABANDER B, VAN WITTELOOSTUIJN A. CEO locus of control and small firm performance: an integrative framework and empirical test ［J］. *Journal of management studies*, 1996, 33(5): 667-700.

［4］JOHNSON P D, SMITH M B, WALLACE J C, et al. A review of multilevel regulatory focus in organizations ［J］. *Journal of management*, 2015, 41(5): 1501-1529.

［5］GEERS A L, HELFER S G, KOSBAB K, et al. Reconsidering the role of personality in placebo effects: dispositional optimism, situational expectations, and the placebo response ［J］. *Journal of psychosomatic research*, 2005, 58(2): 121-127.

［6］HIGGINS E T. Beyond pleasure and pain. ［J］. *American psychologist*, 1997, 52(12): 1280.

［7］HMIELESKI K M, BARON R A. Regulatory focus and new venture performance: a study of entrepreneurial opportunity exploitation under conditions of risk versus uncertainty [J] . *Strategic entrepreneurship journal*,2008, 2(4): 285-299.

[8] BARON R A, HMIELESKI K M, HENRY R A. Entrepreneurs' dispositional positive affect: the potential benefits–and potential costs–of being "up" [J] . *Journal of business venturing* ,2012, 27(3): 310-324.

[9] KRÖPER M, FAY D, LINDBERG T, et al. Interrelations between motivation, creativity and emotions in design thinking processes–an empirical study based on regulatory focus theory [M] . Design creativity 2010, Springer, 2011: 97-104.

[10] BROCKNER J, HIGGINS E T, Low M B. Regulatory focus theory and the entrepreneurial process [J] . *Journal of business venturing*,2004, 19(2): 203-220.

[11] SARASVATHY S D. Causation and effectuation: toward a theoretical shift from economic inevitability to entrepreneurial contingency [J] . *Academy of management review*,2001, 26(2): 243-263.

[12] MAUER R, WUEBKER R, Schlüter J, et al. Prediction and control: an agent-based simulation of search processes in the entrepreneurial problem space [J] . *Strategic entrepreneurship journal*,2018, 12(2): 237-260.

[13] REYMEN I M, ANDRIES P, Berends H, et al. Understanding dynamics of strategic decision making in venture creation: a process study of

effectuation and causation ［J］. *Strategic entrepreneurship journal*, 2015, 9(4): 351-379.

［14］ PALMIÉ M, HUERZELER P, Grichnik D, et al. Some principles are more equal than others: promotion-versus prevention-focused effectuation principles and their disparate relationships with entrepreneurial orientation ［J］. *Strategic entrepreneurship journal*, 2019, 13(1): 93-117.

［15］ SMOLKA K M, VERHEUL I, BURMEISTER LAMP K, et al. Get it together! Synergistic effects of causal and effectual decision-making logics on venture performance ［J］. *Entrepreneurship theory and practice*,2018, 42(4): 571-604.

［16］ ANDRIES P, DEBACKERE K, VAN LOOY B. Simultaneous experimentation as a learning strategy: business model development under uncertainty ［J］. *Strategic entrepreneurship journal*, 2013, 7(4): 288-310.

［17］ READ S, SONG M, SMIT W. A meta-analytic review of effectuation and venture performance ［J］. *Journal of business venturing*,2009, 24(6): 573-587.

第 2 章　文献回顾

　　创业者经常处于高度动态和不确定的环境中，他们的决策或行动几乎没有外在的指导。缺乏指导意味着创业者必须主要依赖于内部资源，自我调节是他们成功驾驭复杂环境的资源之一。个体在实现目标的自我调节过程中会表现出促进焦点倾向或防御焦点倾向。调节焦点理论为研究创业者的认知和认知结果提供了一个有用的视角[1-2]。本章以调节焦点理论为基础，考察促进焦点和防御焦点如何影响创业机会评价和创业机会实现这两个阶段。基于此，本书首先对调节焦点理论进行回顾和述评，然后对创业机会发现观和机会建构观进行阐述，总结影响创业机会评价和机会开发的因素；接着，引入效果推理理论，总结效果推理的理论研究和实证研究，揭示已有研究对效果推理各个原则之间的差异关注不足；然后本书阐述两个起到调节作用的情境变量——风险和不确定性之间的联系和区分；最后本章对调节焦点在创业领域的相关研究进行回顾。

2.1　调节焦点理论

2.1.1　调节焦点理论的内容

调节焦点理论认为，人们使用不同的自我调节系统来实现目标。它区分了两种自我调节系统：促进焦点和防御焦点[3]。传统的享乐主义原则提出人类具有趋利避害的动机，但它忽略了人们趋近快乐和回避痛苦的不同方式，而这些不同的方式对人们的动机、决策和表现具有显著影响。促进焦点个体对有 / 无积极结果（有收益 / 无收益）高度敏感，相反，防御焦点个体对有 / 无消极结果（有损失 / 无损失）高度敏感。促进焦点个体关注理想、抱负和成长，而防御焦点个体关注义务、责任和安全。如果现状为 “0”，促进焦点个体倾向于改变现状以达到更好的状态 “+1”，而防御焦点个体倾向于维持一个满意的现状以避免出现更糟糕的状态 “-1”。在目标实现过程中，促进焦点个体采取积极策略，表现为冒险、获得成就和进步。他们寻求发展和变革以及探索新兴事物。防御焦点个体采取警戒策略，表现为避免犯错和遵守规定。他们寻求保障和维护现状。过去研究表明，促进焦点和防御焦点相互独立，因此，个体可以同时表现出高水平的促进焦点和防御焦点[4]。

概括而言，促进焦点与防御焦点的区别主要体现在三个方面[5]：（1）所要满足的需要。促进焦点的人更关注成长和发展的需要，而防御焦点的人更关注安全和保护的需要。例如，同样是为了获得好的绩效评价，促进焦点的人会在工作中积极地表现，而防御焦点的人会严格要求自己以避免不必要的失误。（2）所要实现的目标。促进焦点的人追求理想自我，他们看重希望和抱负（例如，管理者希望被认为是有魅力的，销售人员渴望实现他们雄心勃勃的季度绩效）。防御焦点的人追求应该自我，他们看重责任和义务（例如，管理者会定期进行绩效审核，高管认为公司必须遵循政府的法律法规）。（3）所关注的结果。促进焦点的人关注是否存在积极结果，当结果与理想自我一致时，他们体验到收获的快乐，当没有实现理想自我时，他们体验到无收获的痛苦。防御焦点的人关注是否存在消极结果，当结果与应该自我一致时，他们体验到无损失的快乐，当没有达到应该自我时，他们体验到损失的痛苦。具体比较如表 2-1 所示。

表 2-1　促进焦点与防御焦点的区分

	促进焦点	防御焦点
潜在动机	提高、成长和成就	安全和责任
目　标	最大的目标：希望和理想	最小的目标：责任和义务
关注的结果	收获 / 无收获	损失 / 无损失
途　径	热切（eagerness）	警戒（vigilance）

资料来源：JOHNSON P D, SMITH M B, WALLACE J C, et al. A review of multilevel regulatory focus in organizations［J］. Journal of Management, 2015, 41(5):1501-1529.

尽管调节焦点通常被认为是一种长期倾向，但是环境或个人变化有可能改变个体的调节焦点状态[4]。调节焦点独立地作用于动机概念的三个层次上：系统的、战略的和战术的。这个模型参考了许多动机理论，这些理论运用多层次的自我调节来解释动机行为的复杂性。系统层面与个体对终极状态或结果的偏好相呼应，战略层面与个体对途径的一般偏好相呼应，战术层面与具体的方法相呼应①。图 2-1 显示了该层级性。

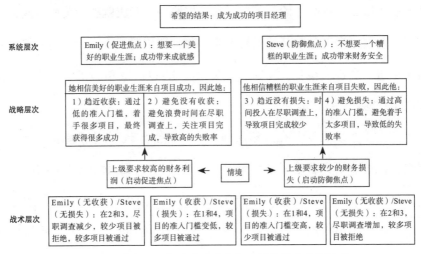

图 2-1　希望职业成功的两类个体的调节焦点层级模式

资料来源：JOHNSON P D, SMITH M B, WALLACE J C, et al. A review of multilevel regulatory focus in organizations［J］. Journal of Management, 2015, 41(5):1501-1529.

调节焦点的系统层面与个体的长远目标和终极状态偏好有关。在这个层面，先前的许多研究都将调节焦点操作化成一种取向（长期的促进焦点或长期的防御焦点），即人们看待世界的一般参考点。人们根据快乐和痛苦区分目标偏好。比如促进焦点和防御焦点的个体都想获得事业成功，却

①　JOHNSON P D, SMITH M B, WALLACE J C, et al. A review of multilevel regulatory focus in organizations［J］. Journal of Management，2015, 41(5): 1501-1529.

是为了不同的理由。促进焦点个体具有成长和提高的需求，因此获得事业成功时会感到快乐，没有获得事业成功时会感到痛苦。防御焦点个体具有安全和责任的需求，因此事业没有遭受失败的时候他们会体验到快乐，事业遭受失败的时候会体验到痛苦。前者想要一个有成就感的美好事业，而后者不想要一个财务动荡的糟糕事业。两者都预期到停留在目前职位的痛苦（促进：我没有成功；防御：我失败了），以及成功的快乐（促进：我成功了；防御：我没有失败）。

独立于系统层面，在战略层面，调节焦点体现了用于追求目标的一般途径。过去研究普遍考虑一个人是否用（1）与促进焦点相关的激进方式（eagerness）来追求想要的结果，或（2）与防御焦点相关的警戒方式（vigilance）来追求想要的结果。例如，为了让事业更上一层楼，促进焦点个体可能采用激进的方式，比如降低项目准入门槛（追求收益）和减少尽职调查（避免无收益）来实现目标。结果，他们就会更容易批准项目，即使没有完全进行尽职调查。因为失败与他们无关，成功才是最重要的。相反，防御焦点个体偏好使用警戒的方式，比如尽职调查（追求无损失）和提高项目准入门槛（避免损失）来实现目标。结果，他们只会批准那些他们可以确定的项目，以及他们完全进行了尽职调查的项目。

最后一个层面是在目标追求过程中，个体在具体情境中使用的自我调节战术。战术层面与战略层面不同，因为它是具体环境下对战略的实操。例如，调节焦点理论的战术层面存在两种决策偏差：风险偏差和保守偏差。风险偏差导致个体对冒险的态度不那么消极，保守偏差使得个体对风险的态度消极。个体可能根据情境策略性地调整他们的偏差。举例而言，如果上级表明组织十分需要从新项目中获得更高的利润，促进焦点个体在项目审批过程中将采用更冒险的偏差（促进战术），更频繁地使用高风险的门槛（促进战略）。尽管防御焦点个体偏好谨慎和安全（防御战略）的方式，但在这种情境下他们也会采取更冒险的偏差（促进战术）来应对上级的要求，即降低项目准入门槛。因此，尽管该个体的动机在战略层面与防御焦点一致，情境会影响个体不加选择地批准项目。但是，如果上级要求减少失败项目的财务亏损，个体将策略性地调整他们的批准决策，使用更保守的偏差。在特质上，他们仍然保持他们偏好的一般战略，但是情境要求会使得个体变得更加保守。促进焦点和防御焦点个体的准入门槛都会设得更高，尽职调查也会增加。

2.1.2　调节匹配理论

调节焦点层级性的一个重要意义是，个体会根据情境因素做出与他们的长期调节取向一致或不一致的行为方式。状态性的调节焦点（战略和战术层面）与长期调节焦点（系统层面）之间的一致性被称为"调节匹配"（regulartory fit）[6-7]。调节匹配理论表明具体的行为与行为者的长期调节焦点一致会产生积极的动机增益，例如卷入或价值创造。换句话说，个体可能用与长期调节取向一致或不一致的方式调节行为。当行为与特质之间是一致的，个体会体验到动机强度和活跃性增加。

当情境框架与个体的调节焦点一致时，他们会"感到正确"，从而提高在目标追求中的动机和努力。沙·詹姆斯、托里·希金斯和罗纳德·S.弗里德曼发现当任务激励与参与者的长期调节焦点一致时，促进焦点和防御焦点都会提高动机和绩效[8]。李·安琪拉 和 詹妮弗·艾克发现当关注的结果是收益，信息被框定为促进焦点更有说服力，当关注的结果是损失，信息被框定为防御焦点更有说服力[9]。在公平感知的研究中同样发现了框架效应和调节匹配现象。在信息与调节定向一致的情况下，公平感更高[10]。

框架效应导致的匹配对领导者而言也具有重要意义。例如，申宇勇等人发现下属的预防定向与其维持性组织公民行为（包括维持现状的行为和基于支持和关系的归属行为）呈正相关。当领导者也是一个高预防定向者时，这种主效应更明显[11]。研究人员还发现，下属的促进定向与变革性组织公民行为正相关，但与领导的促进定向没有交叉效应。艾哈迈迪·赛义德等人发现，在强调晋升和成长、鼓励追求和获取的组织情境中，具有高促进定向的领导者会与之匹配，并表现出更多的探索性活动；而在强调责任和潜在损失的组织情境中，具有高预防定向的领导者会与之匹配，并表现出更少的探索性活动[12]。

2.1.3 调节焦点的测量

过去研究对调节焦点的测量主要使用两种方法：问卷调查法和实验启动法[13-14]。问卷调查法旨在测量长期的调节焦点。比较常用的问卷包括调节焦点问卷和一般调节焦点测量。

调节焦点问卷要求个体回忆和评价在促进／防御焦点方面的成功或失败历史来测量调节焦点，包含 11 个题目[13]。其中，防御焦点包含 5 个题目，涉及对消极结果的防御，比如"你经常遵守父母定下的规矩和命令吗？""我因不认真经常陷入麻烦中"；促进焦点包含 6 个题目，涉及对积极结果的促进，比如"你会经常完成一些能激励你更努力工作的事情吗？""我几乎没有可以全身心投入的兴趣或活动"。

一般调节焦点测量问卷通过让被试评价对促进／防御目标的认可程度来更直接地测量调节焦点[15]。该问卷总共 18 个题目，促进焦点与防御焦点各 9 题，促进焦点的题项例如"我经常思考如何实现自己的愿望和抱负"，防御焦点的题项例如"我经常思考如何避免失败"。调节焦点问卷关注个体过去的生活经历，而一般调节焦点测量问卷则试图反映个体的一般倾向。

实验法主要操作即时性的调节焦点状态，具体范式和启动方法包括自我指导类型启动、情绪启动、任务框架范式等，任务框架范式是最常用的[14]。

任务框架范式是通过运用有／无收益的框架来启动促进焦点，运用有／无损失的框架来启动防御焦点，这两种框架导致的成功或失败的标准和结果是相同的。例如，克劳·艾伦 和托里·希金斯的研究提出了 4 种框架：（1）强调收益的促进焦点框架："如果第一个任务做得好，接下来你可以做你喜欢的任务"。（2）强调没有收益的促进焦点框架："如果第一个任务做得不好，接下来你不能做你喜欢的任务"。（3）强调没有损失的防御焦点框架："如果你第一个任务做得不差，你就不必做你不喜欢的任务"。（4）强调损失的防御焦点框架："如果你第一个任务做得差，你就必须做你不喜欢的任务"。

情绪启动是通过让参与者体验喜悦或沮丧的情绪来启动促进焦点，通过让参与者体验放松或愤怒的情绪来启动防御焦点。例如，让参与者详细描述最近让自己感到沮丧的经历来启动促进焦点，或最近让自己感到愤怒的经历来启动防御焦点[16]。

自我指导类型启动是通过让参与者报告他们的希望和目标来启动促进焦点，通过报告义务和责任来启动防御焦点[17]。

调节焦点也可以用更直接的方式来启动。比如，通过启动与促进型目标（包括追求、成功、收获等）及防御型目标（包括回避、预防、错误等）有关的词语来启动对应的调节焦点[15]；让参与者描写"生活中的成功来自行动而非不行动"或关于成就和提高的短文，以此启动促进焦点；让参与者描写"预防是最好的治疗方式"或有关安全和谨慎的短文，以此启动防御焦点[18]。

2.1.4 调节焦点对决策的影响

调节焦点作为一种动机倾向，会对个体的决策，例如认知评价、决策判断和行为策略选择产生显著的影响。

对认知评价的影响。如前面所述，防御焦点和促进焦点在情绪体验、对结果的关注等方面具有显著的差异，导致个体对不同信息的敏感度不同。当评价与情绪有关的信息时，促进焦点个体对与喜悦、沮丧有关的信息更敏感，而防御焦点个体对与放松、焦虑有关的信息更敏感[19]。当评价与结果相关的信息时，促进焦点个体对与收益相关的信息更敏感，防御焦点个体对与损失相关的信息更敏感[20]。洛克伍德·佩内洛普、克里斯蒂安·乔丹和齐瓦·昆达发现促进焦点个体更容易被成功的榜样（例如科学家）所激励并学习效仿他们，而防御焦点个体更容易被失败案例（例如酒驾受伤）所激励并加以防范[16]。此外，研究者还发现在工作中，促进焦点个体对诸如绩效奖励规则之类的积极信息较敏感，防御焦点个体对诸如如何避免被领导责骂的消极信息更敏感[21-22]。

对决策判断的影响。调节焦点影响决策判断过程中的备择方案的产生和反事实思维（counter factual thinking）[14]。备择方案的产生是决策判断的一个重要因素[23]。研究表明，相对于防御焦点个体，促进焦点个体会考虑更多的可能性，对信息的开放度更高[13-14]。反事实思维是指人们经常会想象在决策失败之前如果没有采取某种行为或采取了某种行为，事情会出现什么不同的结果。罗伊斯·尼尔、泰均胡·尔和金杰·彭宁顿发现，调节焦点影响个体使用加法式还是减法式的反事实思维来应对失败[17]。加法式反事实思维是指个体想象如果他们没有错过某个机会，事情将如何发展，它更强调如何实现积极结果，因此促进焦点个体更愿意采用这种思维；减法式思维是指个体想象如果他们没有犯某个错误，事情将如何发展，它更强调如何避免消极结果，因此防御焦点个体更愿意采用这种思维[14, 17]。

对行为策略的影响。促进焦点个体在目标实现过程中倾向于使用迫切的方式以保证"击中"（hits），避免"错失"（misses）；而防御焦点个体倾向于使用警戒的方式以保证"正确拒绝"（correct rejections），避免"错误警报"（false alarms）[13-14]。克劳·艾伦 和托里·希金斯（1997）发现，在再认记忆任务中，当任务奖励启动的是促进焦点时，被试表现出明显的冒险偏差；而当任务奖励启动的是防御焦点时，被试表现出明显的保守偏差[6]。在目标完成过程中，促进焦点个体倾向于使用探索性（exploratory）的加工方式，并更强调速度；而防御焦点个体更倾向于使用谨慎（cautious）的加工方式，并更强调准确[24]。

综上所述，关于调节焦点对个体决策影响的研究，一方面加深了我们对调节焦点理论的理解，另一方面清晰地呈现了促进焦点和防御焦点之间的差异。相比防御焦点个体，促进焦点个体对成功的积极情感更强、对失败的消极情感更弱，思想更加开放和更具有创造力，灵活性也更强，他们会更多地考虑其他可能性[25]。但这并不意味着促进焦点比防御焦点更有优势，它们两个相辅相成，都是自我调节的重要构成因素，也是完成自我调节过程必需的条件。不同的情景需要不同的调节焦点，而个体在一段时间内可能面对不同的情景要求，这就需要个体恰当地调整调节焦点，使其与当前的任务或情景相匹配，以保证结果最优化。

2.2　创业机会的相关研究

2.2.1　创业机会的两种观点

创业因机会而存在。对于机会的起源与产生过程，学者们主要持有两种观点：创业机会是存在于客观环境而被创业者发现出来的，或是被创业者构建出来的[26]。大多数学者认为只要产品或要素市场存在不完全竞争，机会就一直存在[27]。这个定义来源于新古典经济理论，该理论表明经济行为者（企业或个体）在完全竞争的条件下不可能产生经济财富。因此，在竞争不完全的时候，产生经济财富的机会才会存在。经济财富等于经济行为者的资产价值减去资产成本。如果缺乏不完全竞争，资产价值和成本之间的正向差异就会消失。如果市场中存在一种或多种不完全竞争，例如进入壁垒、信息或能力异质、巨大的交易成本、生产异质性产品的机会等，那么一些经济行为者就会利用这些不完全性来创造经济财富。机会发现与机会构建都可以通过填补市场的空缺为创业者带来经济收益，进而影响到行业价值链甚至多个行业的价值链，再产生大量、新的创业与就业机会，进而影响社会层面的创业绩效[28]。

沙恩等深入剖析了创业作为一个学术领域的研究价值，阐述了以创业机会为主线的研究框架，并明确指出创业研究的焦点应该是获利机会的存在、发现和利用。他们提出的以创业机会作为创业研究焦点的主张得到了其他创业学者的普遍认可，并成了后续创业研究的主导框架[29]。

阿尔迪什维利等根据内容、关系、逻辑和边界四要素理论建构方法论，通过整合先前学者对机会研究的相关分析成果，构建了一个创业机会识别和开发的综合模型[30]，见图2-2。阿尔迪什维利等人认为，创业机会识别和开发的综合模型由创业核心过程及过程影响因素2个部分组成，其中影响创业过程的要素包括创业者特质（创造力和乐观主义）、创业者社会网络（弱连带、行为规则、伙伴关系和内部圈子）、创业者先前知识（非对称信息和行业知识）以及创业警觉4个方面；创业核心过程由创业机会识别（机会感知、机会发现和机会创造）、创业机会开发、创业机会评价和新企业创建4个要素组成，这4个要素又会受到创业机会类型的影响。

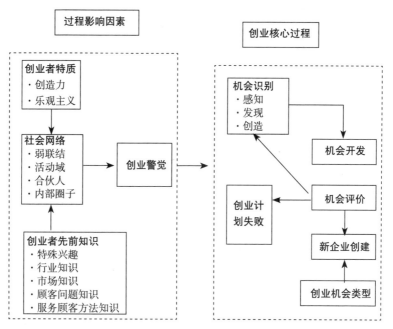

图2-2 创业机会识别和开发的综合模型

资料来源：ARDICHVILI A, CARDOZO R, RAY S. A theory of entrepreneurial opportunity identification and development [J]. Journal of Business Venturing, 2003, 18(1): 105-123.

　　萨拉萨等指出创业机会发现观的前提假设是创业机会是客观存在的,就是市场不完全和市场信息的非均衡分布;因此有许多潜在的创业机会供创业者去发现和利用,但是,如果假定创业机会是客观存在的话,随着创业者不断地发现和利用创业机会进行创业,市场结构必将逐渐趋于均衡,那么可待发现的新机会必将不断减少,最终趋向于零,这就无法解释经济发展过程中不断有新的创业行为和日趋繁荣的创业实践发生的客观事实。针对这一悖论,萨拉萨等基于结构化理论的视角,提出了创业是创业者与创业环境交互作用的结构化过程的观点,而创业者对创业机会的创造和开发则是这一过程的人工产物[31]。

　　阿尔瓦雷斯和巴尼明确区分了机会发现和机会创造 2 种观点,比较了两者之间的模式差异,并考察了机会发现和机会创造在创业决策制定、创业规划和创业领导力等方面的区别[32],如表 2-2 所示。创业机会发现观认为,市场信息分布不均衡,创业机会是客观存在的,创业者通过组合新知识与原有知识来评价创业机会带来的风险和回报,在此基础上采用传统的市场调研和商业战略规划方法做出创业计划。但是,在认知心理学视角下,创业机会研究则强调创业者个体的认知对识别和发现机会的重要作用,并且认为创业者的认知会影响机会的形成。现实中有两种不同的创业机会发现方式。一是系统搜寻,即通过有意识的系统搜寻来发现创业机会。二是意外发现,即创业者不是通过系统搜寻,而是凭借自己在创业前积累的知识(即"先前知识"和"创业警觉性")来意外发现创业机会①。

---

① 张玉利, 薛红志, 陈寒松, 李华晶 . 创业管理［M］. 北京: 机械工业出版社, 2016: 85-86.

表 2-2　机会发现和创造情境下的创业行为

	机会发现	机会创造
机会本质	机会已经存在； 运用现实主义哲学	机会不存在； 运用进化论现实主义哲学
创业者本质	创业者发现客观机会的一个重要 差异是"警觉性"	在利用机会的过程中产生差异
决策情境	风险：结果和概率已知	不确定：结果和概率未知
领导力	基于专长和经验	基于魅力
决策	基于风险的数据收集和决策工具； 关注机会成本	迭代、归纳、渐进的决策； 运用偏差和启发式； 关注可接受的损失
人力资源实践	招聘：具体的人力资本 广泛招募	招聘：一般和灵活的人力资本 从已有的社会网络中招募
战略	相对完整和稳定	浮现和不断变化
市场	营销变化是由于新的机会出现方 式改变	营销改变是由于出现了新的机会
持续的竞争优势	速度、机密和进入壁垒	路径依赖过程中的隐性学习

资料来源：ALVAREZ S A, BARNEY J B. Discovery and creation: alternative theories of entrepreneurial action［J］. Strategic Entrepreneurship Journal, 2007, 1(1-2): 11-26.

　　创业机会创造观认为创业机会是一个主观建构的过程，创业者利用试验和即兴而作，在不确定情境下创造新的机会，他们采用直观推断、启发式和归纳逻辑作出创业决策，强调柔性和学习在创业实践中的作用，并将创业规划看作是一个逐渐涌现的过程。在建构主义视角下，同样的机会，不同的人看到会有所不同，让不同的创业者来开发，也会产生不同的效果。

2.2.2　创业机会评价

如上所述，创业研究关注的问题在于创业机会的识别、评价和开发是如何发生的，以及由谁来识别、评价和开发它们[29]。这些创业活动（识别、评价和开发）之间是密不可分的，它们定义了新创企业的创建过程。一直以来，许多研究检验了与机会识别和机会开发相关的先行变量和过程。例如，机会识别被归因于先前的知识[33]、注意的分配[34]和信息的社会来源[35]。同样，机会开发在创业和战略文献中得到了相当多的关注。研究关注机会开发的过程[36]、模式[37]和决策启发式[38]。但大多时候，与机会评价相关的过程却被学者们忽略。创业者如何评价创造新产品和新服务的机会？是什么影响了这些评价？这些问题对于理解新创企业的创建过程非常关键。从决策的角度而言，创业认知的"黑箱"包含了一组各不相同但又相互依赖的决策图式[39]。如果我们不能理解创业者如何评价某个机会的吸引力，也就无法深刻理解机会开发决策——为什么创业者选择开发"机会 A"而不是"机会 B"[39]。

创业是一个过程，个体如何解释机会将影响他如何评价机会。机会识别的目的是发现一个有经济价值的机会，开发一个既没有价值又不罕见的机会只能产生平均利润[39]。研究者将机会定义成是一种未来情境，这种情境被决策者认为是合意的和可行的（即在他们的控制和能力范围之内）[40]。"合意"和"可行"是个体的一种主观体验，当一组资源能够以高于打包和运输成本的价格被卖出，机会就被认为是存在的[29]。海尼·迈克尔、迪恩·谢泼德和杰弗里·麦克马伦[39]提出机会评价的决策过程包含三个重要的方面：（1）评价机会的吸引力，即机会产生竞争优势和创业回报的可能性。（2）机会评价是未来导向的，这样创业者就会评价如果某个机会被开发，企业是否会有收益。并非所有的机会都有足够大的价值潜力来填补为把握机会而付出的成本，包括市场调查、产品测试、营销和促销、雇佣员工、购买设备和原材料等一系列与机会开发活动相关的成本，还包括为创业所付出的时间、精力，以及放弃更好工作机会而产生的机会成本。（3）机会评价是针对创业者自身而不是对第三方的评估，即创业者评价是否要实施某个机会，不是关注这个机会是否"对某个人有吸引力"，而是关注在现有的知识、技能、能力和资源条件下它是否"对我有吸引力"。并非所有机会都适合每个人，一位德高望重的文学教授可能因为参与一项实验而发现了一个高科技行业内的机会，但是，他不太可能放弃自己的专业而进入高科技行业创业，因为他缺乏必需的技术知识和在高科技行业内的关系网络。换句话说，即使看到了有价值的创业机会，个体也可能因为没有相应的技能、知识、关系等而放弃创业活动，或者把机会信息传递给其他更合适的人，或者是进一步提炼加工机会从而将其出售给其他高科技企业。

蒂蒙斯教授认为机会应该具有吸引力、持久性和及时性，具有如下四项特征的构想：对消费者具有吸引力、能够在创业者的商业环境中实施、能够在现存的机会窗口中执行、创业者拥有创立企业的资源和技能或者知道谁拥有这些资源与技能并且愿意与创业者共同创业。蒂蒙斯教授提出了比较完善的机会评价指标体系，认为创业者应该从行业和市场、经济因素、收获条件、竞争优势、管理团队、致命缺陷问题、个人标准、理想与现实的战略差异八个方面评价创业机会的价值潜力，并围绕这八个方面形成了 53 项指标，如表 2-3 所示。

表 2-3　蒂蒙斯创业机会评价指标体系

评价方面	评价指标
行业和市场	1. 市场容易识别，可以带来持续收入 2. 顾客可以接受产品或服务，愿意为此付费 3. 产品的附加价值高 4. 产品对市场的影响力高 5. 将要开发的产品生命长久 6. 项目所在的行业是新兴行业，竞争不完善 7. 市场规模大，销售潜力达 1000 万元~10 亿元 8. 市场成长率在 30%~50% 甚至更高 9. 现有厂商的生产能力几乎完全饱和 10. 在五年内能占据市场的领导地位，达到 20% 以上 11. 拥有低成本的供货商，具有成本优势
经济因素	12. 达到盈亏平衡点所需要的时间在两年以下 13. 盈亏平衡点不会逐渐提高 14. 投资回报率在 25% 以上 15. 项目对资金的要求不是很大，能够获得融资 16. 销售额的年增长率高于 15% 17. 有良好的现金流量，能占到销售额的 20% 以上 18. 能获得持久的毛利，毛利率要达到 40% 以上 19. 能获得持久的税后利润，税后利润率要超过 10% 20. 资产集中程度低 21. 运营资金不多，需求量是逐渐增加的 22. 研究开发工作对资金的要求不高
收获条件	23. 项目带来附加价值，具有较高的战略意义 24. 存在现有的或可预料的退出方式 25. 资本市场环境有利，可以实现资本的流动

续表

评价方面	评价指标
竞争优势	26. 固定成本和可变成本低 27. 对成本、价格和销售的控制较高 28. 已经获得或可以获得对专利所有权的保护 29. 竞争对手尚未觉醒，竞争较弱 30. 拥有专利或具有某种独占性 31. 拥有发展良好的网络关系，容易获得合同 32. 拥有杰出的关键人员和管理团队
管理团队	33. 创业者团队是一个优秀管理者的组合 34. 行业和技术经验达到了本行业内的最高水平 35. 管理团队的正直廉洁程度能达到最高水准 36. 管理团队知道自己缺乏哪方面的知识
致命缺陷问题	37. 不存在任何致命缺陷问题
个人标准	38. 个人目标与创业活动相符合 39. 创业家可以做到在有限的风险下实现成功 40. 创业家能接受薪水减少等损失 41. 创业家渴望进行创业这种生活方式，而不只是为了赚大钱 42. 创业家可以承受适当的风险 43. 创业家在压力下状态依然良好
理想与现实的战略差异	44. 理想与现实情况相吻合 45. 管理团队已经是最好的 46. 在客户服务管理方面有很好的服务理念 47. 所创办的事业顺应时代潮流 48. 所采取的技术具有突破性，不存在许多替代品或竞争对手 49. 具备灵活的适应能力，能快速地进行取舍 50. 始终在寻找新的机会 51. 定价与市场领先者几乎持平 52. 能够获得销售渠道，或已经拥有现成的网络 53. 能够允许失败

资料来源：杰弗里·蒂蒙斯，小斯蒂芬·斯皮内利.创业学案例［M］.周伟民，吕长春，译.

北京：人民邮电出版社，2005：84-87.

综上所述，机会评价是一种象征未来将是什么样的认知图式，它假设

个体在正向评价创业机会之后将利用和开发该机会。机会评价最终是对未

来的设想——特别是设想在开发机会后创造财富的资源由创业者控制。在采取行动之前，创业者必须设想一下商业机会以及如何对它进行开发。通过心理模拟，创业者可以设想开发创业机会的战略、创业企业的未来蓝图和可能产生的各种结果[39]。同时，上述观点表明创业活动是创业者与创业机会的结合，一方面创业者识别并开发创业机会，另一方面，创业机会也在选择创业者，只有当创业者和创业机会之间存在着恰当的匹配关系时，创业活动才最可能发生，也更可能取得成功。过去研究发现以下因素会影响到创业机会评价决策[42]。

首先，创业者所拥有的人力资本不同，他们对创业机会的评价也会有所不同。人力资源包括个体的教育水平、培训、工作经历、背景和技能，这些都是影响到创业机会评价的关键资源。例如，海尼·迈克尔等[39]发现当机会是高度不可复制的、与创业者的人力资本相关时，创业者认为这种机会更有吸引力。当机会具有较大的潜在价值、与创业者的知识相关、具有竞争力、开发的时间窗口较宽裕时，创业者较可能投资该机会。但是，这个决策也受到创业者的失败恐惧和创业自我效能感的影响[43]。而且，蔡英荣和迪恩·谢泼德发现机会评价跟对顾客需求的了解程度和管理团队的能力呈正相关[38]。马克·卡斯森和奈杰尔·瓦德森也认为理性的、市场导向的商业技能与积极的机会评价呈正相关，特别是在市场部门（即将愿景转化为某个市场空间内可行的计划）[44]。

其次，创业者对创业机会的情绪反应不同，这种差异会影响到创业机会评价。情绪作为一种信号会影响到对机会的评价。例如，恐惧会降低实施某个机会的吸引力，而高兴和愤怒会增加实施某个机会的吸引力[45]。类似的，傅毛迪尔[46]发现在做决策时，个体会被他们的情感状态所影响，相比诱发他们的愤怒或高兴情绪，诱发他们的恐惧或希望情绪会让个体感知到更大的风险。他们还发现相比特质愤怒或特质高兴得分低的个体，在这些特质上得分高的个体更偏好高回报但不确定的结果。海顿·詹姆斯和马格达莱娜·乔拉科娃[47]也提出积极的情感状态会提高机会的感知概率、工作记忆的功能（存储和更容易提取机会相关的信息）以及创造性地整合信息以产生创业创意。

最后，创业者如何感知环境状况（包括不确定性和市场条件）也会影响到机会评价。麦克尔维·亚历山大、迈克尔·海尼和维罗妮卡·古斯塔夫森[48]分析了2800多个机会评价，主要关注决策者在面临各种环境不确定时实施某个机会的意愿。他们发现随着不确定性、技术变革速度和技术变革影响力的不可预测性增加，创业者实施某个机会的意愿会降低。类似的，他们发现当需求变化的可预测性、维持创新的可能性和比竞争者提前交货的可能性低时，创业者较不愿意采取行动。德瓦尔德·吉姆和弗朗西丝·鲍恩[49]探讨环境感知、机会与解决机会和环境挑战的创新模式之间的关系。他们发现环境威胁感知会降低创业者选择破坏性技术模式的可能性，而机会感知会增加选择破坏性技术的可能性。他们也发现对风险的积极体验和紧迫性感知会调节这些关系。

文献述评。尽管研究者探索了人力资本、情绪和环境异质性等对机会评价的影响，但自我调节作为一种典型的动机状态，影响着个体的信息加工方式，因此对认知评价也起到独特的作用。然而，对于调节焦点是否影响到机会评价这个问题目前尚缺少实证支持。

此外，伍德·马修 和 亚历山大·麦克尔维指出对机会评价的研究应该关注多个因素的共同作用[50]。风险感知是理解创业认知和行为的一个重要因素，它与个体特征变量可能存在交互效应。本书将风险感知作为情境因素，检验它对调节焦点与机会评价之间关系的调节效应，揭示调节焦点影响机会评价的边界条件。

2.2.3　创业机会开发

创业者在对创业机会进行评价之后，接下来需要采取某种方式来实现它。当创业者将他们设想的产品或服务转化为行动，最终成为现实社会的一部分，就可以说成功地实现了机会[27]。创业者将他们期望的产品或服务商业化的努力是实现机会的一个关键方面，这些努力包括获取创意、用互补的知识丰富它们、开发和制造可销售的产品以及在市场上卖出该产品[51]。过去研究发现以下因素会影响创业机会开发[42]。

第一，商业计划影响创业绩效。霍尼格·本森和米克尔·萨缪尔森对 623 家新创企业进行调查，发现机会对企业绩效的作用甚微[52]。尽管如此，计划仍被认为可以帮助创业者评估不同的行动方案和调整策略[53]。德尔玛·弗雷德里克和斯科特·谢恩发现商业计划帮助创业者降低企业被解散的风险，增加产品研发和企业创建的成功概率[54]。马克·格鲁伯基于权变视角提出，计划对新创企业的影响取决于失败的基线概率（即一个漂亮的计划对即将失败的企业是毫无帮助的）和计划的质量[55]。

第二，创业者所具备的知识和经历将影响他们对创业机会的开发。研究表明，当创业者受过更多的教育、曾经创业过、更频繁地使用商业网络以及与政府支持机构有更多的联系时，他们可能同时开发两个或以上的机会[56]。

第三，个体所处的组织环境不同，也影响创业决策。某些组织因素会促使个体更具有创业思维。例如，对员工实施利润分成的激励措施会促使员工更努力地工作，并达到组织期望（即参与公司创业活动）[57]。但激励措施的影响会随着报酬和工作风险增加而减弱。当期望的成功概率和相关的奖励（即个人效用）减少时，利润分成激励措施对公司创业活动的有效性就会降低[57]。此外，成功企业的发展和激励促使个体更具创业思维。成功企业所做出的决定和行动通常"违反组织等级制度""打破组织规则并违反标准操作程序""将所有组织成员包括在创新决策过程中""呼吁组织的战略目标"以说服他人以及"为创新者授权"[42]。最后，组织资源可获得性和管理者所有权影响衰退企业的创新投资决策。在企业衰退的情况下，闲置资源和管理所有权增加都会减少创新支出[58]。

第四，创业者的资金来源和融资时机影响创业机会开发。塞格尔斯·阿诺特、索菲·曼尼加特和汤姆·瓦纳克发现具有较高水平人力资本的创业者，以及那些在金融界拥有强大网络的创业者，对融资渠道有更多的了解[59]。融资选择既可以来源于内部，也可以来源于外部。当行业需要的初始资本较少，而且企业家认为自己利用优质机会的能力更强时，企业家可能会决定提高个人投资的比例[60]。当创业者在市场竞争、市场成长和员工增长方面对自己的企业有更积极的评价时，他们更可能寻求外部资金[61]。另一个与融资相关的因素是时机——是等到筹集足够的资金再完成项目（保守的选择），还是在寻求外部资金之前，利用现有资源达到中期目标（大胆的选择）[62]。尽管特许经营是另一种融资方式，但一项研究表明，对许多创业者来说，这是最后的选择[63]。

文献述评。当创业者认为机会来了，他们如何在开发机会的各种模式之间做出选择呢？商业计划在机会开发过程中是否重要呢？一方面，更全面的计划可以促进更深入的思考和更明智的决策。但是，另一方面，更全面的计划可能导致计划谬误或者决策速度变慢，以至于机会之窗关闭，或者它可能阻碍创业者调整他们的决策。这些表现在高度动态的环境中是十分有害的。由此可见，我们需要更深入地探索创业者为了开发机会在不同环境下所采用的决策模式。

2.3　创业决策逻辑

对于创业研究而言，面对复杂多变的环境，创业者如何通过自我调节以做出合理的决策成为一个值得探讨的问题。早期的创业研究聚焦于创业者特质。研究人员试图识别将创业者与非创业者区分开来的一系列特质。布罗克豪斯和霍韦斯回顾了有关创业者特质的文献，发现了四种主要的创业者特质：成就需要、自我控制、高风险承担倾向和对不确定的容忍。迈纳提出了创业者的四种心理人格模式：个人建议者、感情投入的超级销售员、真正的管理者以及专家型创意生产者。斯科特·谢恩则明确指出存在创业基因，并描述了创业基因的角色，从而将创业者是天生还是后天培育的讨论推到了新的极端。费希尔·詹姆斯和詹姆斯·科赫在著作《天生而不是后天形成》中重提存在某些创业者人格特质的论断，并认为这些特质是受风险承担偏好影响的。然而，这些创业者特质文献并没有形成共识。①

　　作为对特质方法的回应，高德纳·威廉主张用行为方法研究创业。对他而言，创业终究是关于组织的创建，其中，多种力量在新企业生成过程中交互作用，创业者只是该过程的一部分而已。因此，应考察创业者在新企业创建情境下开展的活动，创业研究应该关注创业者做了什么，而不是创业者是谁。研究人员从关注某类特定人群转移到了创业过程视角。基于过程视角，创业变成了一种线性活动，包括识别机会、开发概念、理解资源需求、获取资源、制订商业计划、实施计划、管理新企业和退出。创业似乎变成了另一版本的管理——领导、控制、计划和评估的过程。文卡塔拉曼·桑卡兰号召创业研究者必须面对这样一个问题，即创业学科对于更广范围地理解商业企业做出了什么独特贡献。②

　　学术界对上述研究进展表现出了认可，使得针对个体创业者的研究热

① 海迪·M. 内克，帕特里夏·G. 格林，坎迪达·G. 布拉什. 如何教创业：基于实践的百森教学法［M］. 薛红志，李华晶，张慧玉，等译. 北京：机械工业出版社，2015:3-4.

② 海迪·M. 内克，帕特里夏·G. 格林，坎迪达·G. 布拉什. 如何教创业：基于实践的百森教学法［M］. 薛红志，李华晶，张慧玉，等译. 北京：机械工业出版社，2015:3-4.

潮再度出现，但不是从特质视角进行研究，而是用认知方法研究创业。创业认知研究者不是基于人格特质来区分创业者，而是揭示创业者的思维模式，并且开始假定特定的思维模式是竞争优势和个体差异的来源。到今天，问题不再是某个个体能否成为一个创业者，而是某个个体如何才能变得富有创业精神、创造机会并针对机会开展行动。诺贝尔奖获得者赫伯特·西蒙的弟子萨拉斯·萨拉瓦蒂的研究在创业领域引入了一个新理论——效果推理理论。[①]

2.3.1　效果推理逻辑的发展

在经典的管理理论中，管理者通常遵循"目标设置—计划—组织—实施—控制"的预测逻辑来进行决策和行动。但这种逻辑如果运用于创业活动中可能会出现许多障碍。这主要是因为创业者所面临的环境以高度不确定、高度资源约束与高度时间压力为典型特征，它影响着创业者的认知和决策[64]。对于这个现象，萨拉瓦蒂在 1998 年提出了一个在不确定环境下决策的理论框架，强调人类的行动是创造未来的先决因素。该决策模式被称为效果推理逻辑。

从理论角度来说，效果推理是对人类行动的描述，具体而言，是对创业行动展开过程的描述。它不仅阐述个体的行动，也考虑采取行动时的情

---

① 　海迪·M. 内克，帕特里夏·G. 格林，坎迪达·G. 布拉什. 如何教创业：基于实践的百森教学法［M］. 薛红志，李华晶，张慧玉，等译. 北京：机械工业出版社，2015：3-4.

境、个体所拥有的资源、个体可能面临的限制以及基于这些条件个体所追求的目标和终极状态。效果推理逻辑与其他理论不同的地方就在于它直接关注那些不可能被个体预测的情境。这类情境的特征是完全不确定的，即个体行动的结果和影响成功的因素事先都无法知晓[65]。

因此，效果推理逻辑与诸如引进创新性的产品、服务和商业方式等创业活动息息相关。产品、服务和商业方式越新颖和富有创意，个体就越不可能提前获取有效信息，例如从哪个方面优化产品、顾客和市场，在哪、通过何种分销渠道、价格多少，等等。在这种情况下，市场行为者很难描述他们也不熟悉的未知变革。既然未来无法被预测，效果推理逻辑提出个体可以通过主动塑造未来，特别是寻求从潜在伙伴、供应商、客户和其他利益联盟者那里获得承诺以避开不确定困境。通过将这些承诺转变为实际行动，效果推理使用者最终创造新的现实[65]。

效果推理关注不确定环境下的人类行动，使得其与因果推理模式区分开来。与因果推理相反，效果推理假设个体可以调动手段、资源和能力来影响行动，而不是通过选择最终目标来产生行动。因果推理逻辑通过识别最佳途径来追求一个事先确定的目标，而效果推理逻辑对行动者提出了不同的挑战：面对不确定的世界，我要如何使用或调动我所拥有的手段、资源和能力？从这个角度来看，人类所面临的决策不再是一个有最优选项的问题，它变成是一个需要想象力的问题，一个需要设计的问题。类似的，创业行动不再是追求最佳目标，而是利用个体所拥有的手段和说服其他人一起加入来改变环境和塑造未来[66]。

效果推理的最初支持证据来自萨拉瓦蒂在卡内基梅隆大学的博士论文。通过与诺贝尔奖得主赫伯特·西蒙的合作，萨拉瓦蒂在关注专家型创业者的推理决策时，寻求 2 个相关问题的答案：（1）在面对相同的创意和一组相同的创建新企业的决策时，专家型创业者的共性和差异是什么？（2）在面对不存在或尚未存在的市场时，对未来可预测性的信念如何影响专家型创业者的决策？萨拉瓦蒂通过口语报告法来检验这两个问题，她给 27 名专家型创业者呈现了在创建新企业情境中出现的 10 个决策问题[67]。

基于上述理论，瑞德·斯图尔特、宋旭东和威廉·史密斯[68]对 48 篇关注效果推理原则与新创企业绩效关系的研究进行元分析，为效果推理（手段导向、权变利用、伙伴关系）与绩效的积极关系提供了最初证据。由于相关研究数量较少，关于可承受损失原则的证据无法给出定论。几年之后，佩里·约翰、盖伦·钱德勒和格加娜·马尔科娃[69]发表了一篇关于效果推理研究的文献回顾文章，识别了 27 篇以效果推理为主题的文章，其中 16 篇为理论文章，11 篇为实证性文章。该研究得出的结论是：（1）效果推理更多地被专家型创业者使用；（2）效果推理经常被用于创业活动中；（3）效果推理与绩效正相关。然而，尽管效果推理决策逻辑对创业研究做出了贡献，但学术上也出现了对该理论的强烈争论。理查德·阿伦德、海萨莫丁·萨鲁吉和安德鲁·伯克姆珀[70]认为效果推理理论作为创业研究中的一种新理论，虽然满足了构建理论的一些基本准则，但远远不够；更令人担心的是，它不满足构建创业理论的一些具体准则。格雷戈瓦·丹尼斯和奈玛·切尔彻姆对 101 篇发表于 1998—2016 年的效果推理文章进行内容分析，他们依照相似的研究问题和主题将文章归类，不仅阐述这个领域的主要成就，而且检验它如何解决那些最尖锐的批判，并根据理查德·阿伦德等人的质疑提出未来研究方向[65]。

2.3.2 效果推理的理论研究

正如社会科学中的大多数理论，效果推理理论也是随时间不断演化的。萨拉瓦蒂在研究新创企业是如何被创建的时候，首次提出效果推理和因果推理的概念并对二者进行了比较。通过让成功创业者解决商业模拟决策中的一系列问题并对其进行口语分析，萨拉瓦蒂提出效果推理包括4个原则：可承受损失、拓展合作关系、市场定义和顾客定义[71]。但是，这些原则被证实在理论和实证上都非常不稳定。2003年，萨拉瓦蒂等人探讨创业机会是如何产生的，他们提出了3种解释：通过演绎方法识别、通过归纳方法发现以及通过诱导方式创造。根据创造方法的解释，创业者是通过使用效果推理来处理不确定的[72]。接下来，瑞德和萨拉瓦蒂阐述了创业专业知识、效果推理逻辑的使用与新创企业绩效的关系，提出了5个命题和6个关键的构念（预测、承诺、行动、计划、风险和对外部公司的态度）来区分效果推理和其他传统的创业程序[73]。2004年，威尔特班克·罗伯特等人指出，效果推理是企业面临不确定环境时用于战略决策的一个变革性方法，他们描述了3个效果推理原则（可承受损失、途径驱动和利用权变）[74]。与之前其他的文章不同，该文章提出效果推理不仅适用于新创企业，也同样适用于成熟企业。露·尼古拉斯等人探讨尚未成熟的企业是如何采取行动的，他们提出新创企业比成熟企业更多地使用效果推理。他们认为新创企业可以避免"创新者困境"，并找到持续创业的方法[75]。2008 年，萨拉瓦蒂在书中清晰地回答了创业者是如何通过问 3 个问题（我是谁、我知道什么、我认识谁）来实现创业的，并阐述了创业者通过使用 5 个原则来实现早期的创业追求：（1）一鸟在手；（2）可承受的损失；（3）碎布拼贴；（4）柠檬汁；（5）飞机上的飞行员。她与其他研究者详细描述了效果推理逻辑使用者是如何创造企业并影响环境的，这些人不但用变革的方法创建了组织，同时也创造了我们的生活环境[66]。露·尼古拉斯等人关注个体在创业过程中如何决定他们可承受的损失以及他们愿意承受的损失是多少。研究者从行为经济的视角提出可承受损失与创建新企业、实物期权、心理账户、承诺升级等相关的理论命题[76]。总的而言，这些理论文章定义了效果推理这个概念，并将它与因果推理进行比较，还阐述了在什么时候、如何以及为什么使用效果推理逻辑。

根据效果推理逻辑，创业者会先从现有的手段出发，问自己 3 个问题："我是谁"（稳定特质、能力特征等）、"我知道什么"（教育、经验和专业知识）、"我认识谁"（社会网络）。创业者的核心任务是：基于我是谁、我知道什么和我认识谁这些资源，我可以创造出什么价值？接着，创业者设计各种可能的行动。而创业行动的选择通常由利益相关者共同决定，他们不仅为创业行动提供资源，而且会给创业企业设置紧急事项和新目标。在整个决策过程中，每个参与的个体都围绕"我是谁""我知道什么"和

"我认识谁"来思考"我可以做什么"。通过这种模式形成的产品有时是出人意料的，甚至是利益相关者想象不到的。

由于创业结果是不可预测的，创业者和利益相关者在做出承诺时不仅要计算创业机会的潜在价值，而且要评估在追求机会的过程中可承受的损失。个体不可避免地会遇到消极结果，因此效果推理行为的一个关键要素是失败管理。效果推理使用者寻求从失败中学习，以此来持续推进一系列的小成功，随着时间积累，最终实现质的飞跃。

最后，效果推理使用者根据环境权变而行动，环境似乎是他们行动的内生要素。由于效果推理使用者十分清楚外部环境对行动的限制，他们将事件内容分为可控的部分和不可控的部分，并利用可控的部分来重新塑造环境。他们并不假设机会是事先存在于环境中的，相反，他们创造机会[66]。

2.3.3　效果推理的实证研究

效果推理的前因变量。早期关于效果推理的实验研究注重识别创业者和非创业者如何加工风险和回报。虽然这些实验研究在样本和研究问题上有所差异，但每个实验研究都采用了相似的程序和分析技术。特别是，在每个实验中，参与者在阅读情景以及解决与风险、回报以及创建新企业相关的问题时进行有声思考，而研究者采用口语报告分析技术来分析参与者的有声思考。例如，萨拉瓦蒂、赫伯特·西蒙和莱斯特·拉夫检验了创业者和非创业者在加工和反应风险与回报上的差异。他们给 4 名创业者和 4 名工作 5 年以上的银行家呈现了 5 个与风险和回报相关的问题，结果发现，相比非创业者，创业者会做出较多的效果推理行为而较少做出因果推理行为[77]。萨拉瓦蒂和露·尼古拉斯检验创业者如何预测不确定未来。他们让 27 名创业者解决 10 个与创建新企业相关的问题，并通过访谈和历史事件分析来收集数据，结果发现，创业者在预测不确定未来时倾向于使用创业逻辑，即使用个性（你是谁）而非偏好、行动（你知道什么）而非信念、承诺（你认识谁）而非交易来处理不确定[78]。露·尼古拉斯等人检验创业者是否比新手更经常使用效果推理思维来决策，他们让 27 名专家型创业者和 37 名 MBA 学生解决与创建新企业相关的 2 个问题，通过分析发现，专家型创业者使用类比推理，比 MBA 学生更倾向于使用整体思维、手段驱动的方式和发展伙伴关系，而较少关注预测性信息与期望回报[75]。类似的，瑞德等人检验创业者是否比新手更经常使用效果推理思维来进行市场决策。结果发现，专家型创业者较少相信市场数据，而是使用类比推理，关注可承受的损失，思考未开发的市场等[79]。这两个研究说明，专家型创业者在进行决策时更多使用效果推理逻辑而较少使用因果推理逻辑。除了实验研究，基于问卷调查的研究发现，学生创业者比非创业者表现出对效果推理逻辑更高的偏好[80]。纽伯特·斯科特对创业动态面板数据（PSED II）的分析发现，专家型创业者比新手创业者更可能进行市场研究、评估可承受的损失、与供应链的合伙人建立关系等[81]。这样就出现一个疑问：个体对效果推理模式的偏好到底是来自他/她与创业相关的经验还是其他解释?

同样的困惑也出现在检验创业者角色或社会身份与效果推理的关系中。一方面,来自爱松·格雷·阿格内特等人的研究表明效果推理的使用与社群主义身份呈正相关,尽管它与因果推理模式也呈正相关。另一方面,他们的研究发现达尔文主义和传教士身份与效果推理呈负相关[82]。相反,西格尔·菲利普等人(2016)发现达尔文主义和传教士身份与效果推理呈正相关,而社群主义身份与效果推理相关不显著[83]。由此说明,已有研究对个体使用效果推理的前因变量的解释仍不充分。

效果推理与因果推理。萨拉瓦蒂等人用拼图和设计被子游戏来对因果推理和效果推理的区分做出形象的比喻。因果推理就像完成一幅拼图,市场机会已经存在,创业者的主要任务是发现合适的碎片并将它们组合起来。这种决策模式的目的是适应已有环境而不是改变已有环境。而效果推理仿佛一种设计被子的游戏,它一开始没有一幅完整的图,创业者利用手头现有的布料(资源)启动,其他人会带来额外的布料(资源),资源的获取取决于创业者认识谁;被子的设计是随着时间发展逐步浮现出来的,每一次行动都拓展了设计的可能性。在现实中,创业者会根据不断掌握的信息和资源,而对不同的方向进行试验,并联盟其他利益相关者,在可接受的损失范围内,开发和利用创业机会[66]。

概括而言,效果推理是一个指导创业行动和行为的决策框架。它的焦点在于使用控制策略,例如运用柔性和试验原则创造新的产品和市场,而不是使用计划和预测手段(即因果推理)来增加创业企业对权变的僵化反应。因此，在处理不确定环境时，效果推理是一种更积极主动的方式，通过这种决策逻辑对环境施加影响。相反，因果推理采用预测手段，由战略计划的要素构成，旨在预测一个不确定的未来。作为一种决策逻辑，因果推理包括明确的目标导向、关注利润最大化、竞争力分析和回避意外。而运用非预测控制手段（效果推理）的创业者会采取其他的原则，这些原则包括从现有资源（即智力、人力和社会资本）入手创造新事物、在一个可承受的水平限制损失、建立伙伴关系和让计划不断演化而不是一成不变[65]。表 2-4 总结了因果推理与效果推理的主要差异。

表 2-4　因果推理与效果推理的主要差异

	因果推理	效果推理
行动的起点	• 目标导向：需要什么样的手段以完成既定目标？ • 目标是明确的和给定的	• 手段导向：运用现有的手段可以实现什么样的目标？ • 目标是想象出来的和逐渐浮现的
环境权变	• 权变是偏离原有计划的，是不受欢迎的	• 权变提供新的机会
对第三方的态度	• 竞争者产生威胁 • 仔细挑选联盟伙伴 • 关系的建立仅限于创业者认为有必要 • 契约信任：大量的合同限制了机会主义行为	• 通过合作，所有人都可以获益 • 主动寻找伙伴 • 利益相关者是自我选择的 • 基于承诺的信任：合伙人通过对共同的行动做出可信的承诺而受益
风险倾向	• 基于财务预测做出决策 • 计算净现值 • 最大化期望回报 • 高昂的前期资源投入	• 基于个体能够和愿意冒险的程度来做出决策 • 确定可承受的损失 • 限制下行风险 • 精益的企业运营

资料来源：SMOLKA K M, VERHEUL I, BURMEISTER LAMP K, et al. Get it together! Synergistic effects of causal and effectual decision–making logics on venture performance［J］. Entrepreneurship Theory and Practice, 2018, 42(4): 571-604.

钱德勒·盖伦等人首次开发了效果推理逻辑的测量量表，检验了因果推理和效果推理之下的子构念的差异。他们先将因果推理和效果推理构建为反映性构念，然后开发测量各个构念的量表。他们发现反映因果推理过程的条目彼此相关显著。而反映效果推理过程的条目彼此之间相关不显著，但形成了一个由4个子构念组成的多维度概念：可承受损失、试验、柔性和事先承诺。他们发现事先承诺也载荷在因果推理过程上。因此，他们提出将效果推理视为一个形成性构念可能会更好[84]。

在探讨效果推理和因果推理的关系时，早期研究者倾向于放大效果推理与因果推理的差异，但近年来的研究表明，效果推理在创业活动中并不少见，而且不是单独起作用的。更多研究认为因果推理和效果推理是相互结合来共同促进创业活动的[85-90]。一些研究甚至认为这两种决策模式可以有效地互补[91]，两者结合使用可以产生重大好处。

上述研究结果表明效果推理模式会伴随着其他决策模式出现，那么在什么情境下它会更突出呢？这个问题使得一系列研究开始关注哪些因素和条件会影响效果推理的使用。格雷戈瓦·丹尼斯和奈玛·切尔彻姆总结了3类影响效果推理逻辑使用的因素和情境：（1）内部因素（例如重要人事变更）；（2）外部因素（例如出现偏好因果推理的投资者）；（3）时间，更准确地说是创业企业的发展阶段，由于创业早期不确定性极高，创业者更普遍使用效果推理逻辑[65]。这些研究大多数都解释了效果推理逐渐转向因果推理的原因。例如，在时间因素上，研究者对5个小公司收集了352个事件，并对其产品创新过程进行轨迹分析。结果表明，效果推理会促进小企业的新产品研发，而且在产品创新早期，它们倾向于采用效果推理，只有在后期才逐渐转向因果推理[92]，尤其是定义清晰的目标、安排要完成的活动、决定将某种资源投入哪里以及如何投入[93]。在内部和外部影响因素上，努梅拉·尼娜等人检验了 3 家天生全球化创业企业的战略决策，结果表明由于不同管理者的参与以及公司面临不同程度的市场和技术环境不确定性，创业者可能会同时使用因果推理和效果推理[94]。而且，研究者发现重要人事变更或寻求外部融资会促使创业者从使用效果推理转向使用因果推理[95]。梅恩·艾丽西亚、苏佩·胡和南希·多斯桑托斯[96]以 3 家生物技术创业公司的管理团队为研究对象，通过分析表明，他们在创业早期阶段几乎都是使用效果推理模式来做决策，但是外部的调节因素，例如，通过临床试验的必要性和风险投资者的出现会引起决策模式向因果推理转变[97]。

尽管效果推理逻辑被认为对绩效有益，当代效果推理研究出现的一个观点是在面对不同的条件时，使用不同决策模式的动态能力有助于做出灵活的决策，并由此产生明显的优势。例如，在政策层面，考夫曼·丹[98]分析了 2 个国家在鼓励创建成熟的生物技术产业群方面的努力：新加坡（通过因果推理方式来复制其他国家的成功政策）和以色列（通过效果推理方式来调整政策以应对遇到的成功和障碍）。研究者发现这两种尝试都失败了，考夫曼·丹推测结合使用因果推理和效果推理可能会更有成效。雷曼·伊莎贝尔等人结合定性和定量方法分析了 9 个技术创业公司中 385 个与创新相关的决策事件，通过检验效果推理和因果推理随时间和环境的变化，他们发现 4 个条件会影响决策模式的动态转移。一方面，他们发现环境不确定增加和创业资源处于劣势会扩大创业企业所关注的范围（即在某个特定时刻创业者所考虑的技术、产品或市场）。另一方面，他们观察到环境不确定性降低和利益相关者压力增加会缩小创业企业所关注的范围。基于此，研究者总结出在两种逻辑之间相互转化的能力将成为一种关键的创业能力[99]。同样，西尔塔洛皮·贾科和玛雅·托伊沃宁认为，计划和行动的整合是促进服务创新的一个驱动因素，而使用因果推理和效果推理模式的能力有助于企业获取这种整合能力[100]。斯莫尔卡·卡特琳等人[101]对 1453 位创业者进行调查，结果发现同时使用效果推理和因果推理的创业企业会获得更好的绩效。不过研究亦表明，在不确定环境[102-103]和高成长行业[104]中，效果推理的作用会更明显。

效果推理与绩效。接下来我们关注效果推理的结果变量。瑞德·斯图尔特、宋旭东和威廉·史密斯通过元分析检验效果推理和新创企业绩效之间的关系[68]。研究者在 48 篇创业研究中识别了可以反映效果推理 5 个子构念的变量。他们发现创业绩效与以下变量存在显著的积极关系：（1）手段；（2）伙伴关系；（3）权变利用。而创业绩效与可承受损失之间的关系是消极和不显著的。类似的，维雷恩·马蒂-路易丝、摩根·迈尔斯和坎迪斯·哈里斯通过分析 3 个社会创业企业的发展，发现效果推理模式不仅促进社会创业的成功启动，而且促进组织绩效[105]。姆桑蒂·桑蒂·西博内洛和鲍里斯·厄本[106]对高新技术企业进行调查研究，结果表明，效果推理与创业导向呈正相关，并且效果推理正向调节创业导向与绩效的关系。蔡莉等人[107]对 266 家创业企业进行调查分析，发现效果推理与创业绩效呈正相关，探索式学习完全中介了两者的关系。不过，帕里达·维尼特等人[108]的研究显示效果推理与初始销售之间的关系会更复杂，感知到的收益会加强效果推理与初始销售的积极关系。研究也发现，对因果推理的使用会促进初始销售。

除了创业绩效，研究者也关注新创企业成长。杜塔·德夫和斯图尔特·桑希尔[109]访谈了 4 名创业者，并对访谈内容进行定性分析，结果发现，使用效果推理逻辑和整体式认知风格的创业者更可能出现高成长意图，而使用因果推理逻辑和分析式认知风格的创业者会出现渐进式成长意图。最后，郭润萍、蔡莉和张伟勇[110]对 118 位互联网企业的创业者进行调查，结果发现效果推理和因果推理与创业成长呈正相关。而且，效果推理是通过开拓性的资源捆绑来促进创业成长的，因果推理是通过稳定的资源捆绑来促进企业成长的。总的来说，上述研究支持了效果推理与新创企业绩效和成长的积极关系。

效果推理与国际化。已有研究也发现使用效果推理逻辑会促进创业企业的国际化进程。有 7 个研究通过定性的案例分析阐述了在国际化进程中效果推理逻辑的普遍存在，而且也证明了它对国际化活动的关键作用。例如，埃弗斯·娜塔莎和科尔姆·奥戈尔曼分析了 3 个国际化的新创企业，他们认为国际化过程受到两种资源的强烈影响：创业者先前独特的知识以及社会和商业关系[111]。埃弗斯·娜塔莎、斯万特·安德森和马丁·汉尼拔补充了上述研究，他们认为，处理与利益相关者的关系也是创业者进行国际化活动时必须考虑的一个因素[112]。为了更详尽地探索效果推理对国际化创业企业的促进作用，诺温斯基·维托尔德和亚历克斯·里亚尔普提出，来自新兴或转型经济的国际化创业企业创始人将面临固定资源和不固定资源的限制。但在实际中，他们观察到这些创始人通过运用效果推理逻辑克服了他们的资源限制，包括运用试验、利用权变和遵循可承受损失原则[113]。同样，卡利尼奇·伊戈尔、萨拉斯·萨拉瓦蒂和西普里亚诺·福尔扎推断在国际化进程中，从因果推理转向效果推理逻辑可以使企业在国外市场迅速增加承诺水平，并克服外部关系的不利条件[114]。钱德拉·扬托、克里斯·斯泰尔斯和伊恩·威尔金森观察到运用效果推理逻辑的国际创业者在应对不确定时失去更少的机会，并会扩展他们所追求的机会类型[115]。最后，切蒂·西尔维、阿尔托·奥亚拉和塔尼娅·莱帕霍发现在国外市场已建立关系的创业者倾向于使用效果推理来选择和进入国外市场[116]。而加尔金娜·塔玛拉和切蒂·西尔维发现通过效果推理建立的网络关系会影响国际化决策和决定进入哪个国际市场[117]，这与前一个研究的结论正好相反。

还有两个研究更具体地体现了效果推理对国际化进程中绩效的积极作用。沙利文·莫特·吉莉安、杰伊·韦拉瓦德纳和彼得·利施分析了9个全球化公司的国际化活动，结果发现效果推理逻辑与企业的市场绩效特别是市场进入的速度呈正相关[118]。加布里埃尔森·彼得和加布里埃尔森·米卡追踪了4个国际化的高新技术创业企业，发现效果推理逻辑是一个强有力的调节变量，它可以加强诸如机会创造、资源、关系能力等先行变量与国际化创业企业成长和生存的积极关系，又可以缓和诸如创业导向等因素对国际化创业企业生存的消极效应[119]。总的而言，研究初步支持效果推理模式对创业企业的国际化努力具有积极效应。

效果推理与创造力和创新。除了检验创业企业绩效和成长之类的结果变量，还有一类研究关注效果推理对创造力和创新的影响。科维洛·妮可和理查德·约瑟夫[120]分析了 6 个开展新产品研发或技术革新的企业案例，观察到效果推理逻辑与成功的重大革新相关，包括即时识别顾客并让他们参与进来、对新产品的开发表现出灵活的态度。阿尔·科泰巴等人在服务创新领域也观察到相似的结果：使用效果推理逻辑可以使企业创造出新颖的方法来整合已有资源并产生有价值的结果[121]。另外有 2 个研究试图探索效果推理在研发和创新过程中的作用。布雷特尔·马尔特等人通过专家访谈和一个小范围的预研究验证之前的测量工具在公司研发项目情境下的适应性，然后再运用验证过的工具进行大范围调查，他们发现效果推理模式的使用积极影响高创新项目的研发绩效（效率和产出）[122]。布劳斯·马蒂亚斯、勒内·毛尔和马尔特·布雷特尔[123]运用同样的测量工具，对公司研发项目的员工进行调查，他们发现使用效果决策逻辑正向影响创造力，而使用因果逻辑负向影响创造力，而且这些关系在高不确定水平下更显著。

2.3.4　创业决策逻辑的文献述评

对效果推理研究的文献回顾表明，效果推理逻辑在创业研究中得到了大量的应用，它的研究做得非常好。但效果推理仍受到了一些挑战、批判或争议，例如，已有研究在检验先行变量对效果推理逻辑的效应时，并没有得出明确的结论。而且，现有研究在关注效果推理逻辑的结果变量时，理论解释也比较薄弱。对于这两个问题的解决，一些研究者提出效果推理的各个原则反映的是不同的认知过程和行为，因此它们之间其实存在很大的差异。这使得我们想知道这些原则为什么不同或导致它们差异的因素是什么，以及它们在结果上是否也存在差异。对这些问题的探索意义重大，因为效果推理决策者不一定采用全部的效果推理原则，他们可能只选择他们认为合适的原则[124]。

过去大多数研究都将效果推理当作一个整体来进行研究[125-126]，或假设效果推理的各个原则具有一致的效应[127]。但是出人意料的是，结果表明，效果推理原则对同一个指标出现相反的效应，即一些原则促进该指标，而其他损害该指标[127]。布雷特尔·马尔特等人[122]并没有发现这些原则具有相反的效应。基于此，我们希望探索效果推理的这些原则是否以及为什么产生相反的效应。此外，还有一个普遍的批判是效果推理相对于因果推理的边界条件仍不清晰，例如风险和不确定性的作用[128]。

2.4　风险与不确定性

2.4.1　创业中的风险

自从奈特强调风险和不确定性在机会追求和创业活动中的重要性，风险的概念就成为创业研究的核心[128]。最初，奈特描述了三种概率：统计概率、实证概率和估计。在创业文献中，风险类似于实证概率，统计概率类似于博彩游戏，它的概率是基于数学而被操纵的[128]。风险情境被描述为运用现有信息估计出决策结果出现的概率。因此，风险的特征是我们能够对可能的结果做一个概率分布。我们不能肯定接下来会发生什么，但我们知道所有可能结果的分布[129]。例如，在掷两粒骰子时，我们事先不知道结果是什么，但我们知道两个相同的骰子产生的值在 2 ～ 12 之间，并知道它们的概率。行为者知道这些概率是因为虽然确切的结果未知，但解决方案的范围是固定的。

自奈特之后，对风险的研究逐渐发展到关注期望效用最大化[130]。研究者们检验创业者与非创业者在风险倾向上是否具有差异[131]。尽管仍有一些学者在努力深化这个方向，但大多数研究开始转向探索创业者在风险感知[132]或其他认知[133]上的差异。

创业中的风险研究遵循奈特的传统规定，把不确定情境还原成风险或者认为它可以被规避。在大多数情况下，这个规定成为许多创业文献的主要框架或潜在假设[128]。这在某种程度上导致风险和不确定概念的混合。

或者说，风险和不确定被看作是一个连续体相反的两端，因此一些研究就只关注风险水平或不确定水平[134]。另一些研究者也指出，低动态的（即稳定的）环境满足奈特对风险的定义，因为当商业环境几乎不会发生不可预测的变化时，创业者可以获取相关的信息来估计得到理想结果的概率。这并不是说稳定的环境不会发生任何变化，而是变化的性质和速度可以被预见[135]。

虽然风险是追求创业过程中内生的，但决策者对它的感知可能并不相同。西特金·西姆和艾米·巴勃罗将风险感知定义为决策者对某个情境内生的风险的评估。它包括个体对风险水平和可控性的预期和概率估计，以及对这些估计的自信程度[136]。一些学者指出，创业者其实不需要表现出更高的风险倾向，相反的，实证研究表明创业者在创建新企业时似乎感知到较低的风险[137]。这是因为创业者高估了他们成功的概率和为新创企业的建立设置了一个积极的框架[138]。已有研究表明，风险感知与创业认知和创业意图息息相关[139]。

2.4.2 创业中的不确定性

根据奈特对不确定性的定义，不确定情境是指，由于个体当前无法获得必要的信息以致无法估计决策结果出现的概率[135]。这也是对高度动态的行业环境的描述，所以动态环境符合奈特对不确定的定义，因为创业者无法估计成功开发某个机会的概率。奈特对风险和不确定性的区分对创业理论的构建十分关键，因为创业领域的现象不能被纳入经济学、战略管理、社会学和心理学这些学科的理论中，它涉及初创阶段的冒险，在这个阶段，创业者无法事先规避不确定性[135]。

关于不确定性的创业研究围绕着个体在无法预测结果的情况下如何行动的研究问题来展开。例如，效果推理研究描述了专家型创业者如何应对不确定环境。威尔特班克等人探索在面对不确定时创业者采取的战略，包括预测战略和控制战略，但作者主要强调了不确定性和控制战略之间的关系[74]。对机会创造的研究也强调不确定性，它们关注风险与不确定决策情境下的理论差异[32]。这些理论都引发了后续研究，其中效果推理的研究最受人关注。效果推理理论强调专家型创业者在面对奈特不确定时使用控制策略以及与利益相关者共同创造社会产品。

虽然不确定性是创业的内生性质，但创业者在不同的创业环境下所承受的不确定性是不同的。例如，想开饭店的人可以很容易地参照行业刊物、同伴的生意和行业知情者来获取创业所需的信息，但是，技术创业者想要开拓一个全新的行业领域，他们能获取的信息资源则很少、不具体和不稳定。因此，后者类型的创业者比前者承受更多的不确定[51]。

2.5 调节焦点在创业领域的研究

创业研究诠释了上述两种调节焦点对创业者的必要性。创业者经常处于高度动态和不确定的环境中，他们的决策或行动几乎没有外在的指导。缺乏指导意味着创业者必须主要依赖于内部资源，例如他们在自我管理活动方面的技能、能力、知识和激情[5]。简言之，他们需要依赖于自我调节来成功驾驭复杂环境。乔尔·布罗克纳、托里·希金斯和默里·洛提出了一个关于调节焦点理论如何影响关键的创业过程的框架[1]。他们认为不是促进焦点更好或者防御焦点更好，每种焦点在创业过程的不同阶段都有它的优势和劣势。例如，在初始的、创建前的阶段，创业者的一个关键任务是产生新产品或新服务的创意。在这个重要阶段，采取促进焦点的创业者具有明显的优势，因为促进焦点提高创造力、促进改变的意愿和考虑更多的可能。但是，菲茨西蒙斯·杰森和 埃文·道格拉斯认为在创业过程的早期阶段，当个体形成创业意愿时，他们经常采取防御焦点，因为他们关心如何通过避免损失来保护有限的资源[140]。这些发现说明促进和防御焦点在创业过程中都提供了帮助。

相对而言，创业领域的调节定向研究主要集中在以下几个主题（见图2-3）：机会识别、创业意图、机会开发和创业绩效。其中环境对调节定向与创业活动之间的关系起调节作用。

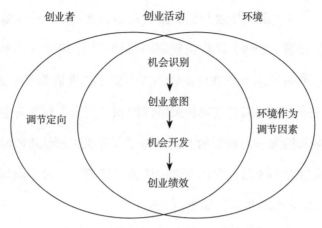

图 2-3　调节定向理论在创业领域的研究

2.5.1　调节焦点与机会识别

识别可行的机会是产生积极的创业结果的初始步骤。机会识别是指 "识别能够产生经济或社会价值的方式, 这种价值以前从未被人开发过"[5]。布罗克纳·乔尔、托里·希金斯和默里·洛认为在创业初期, 产生创意是创业者的关键活动。在这个阶段, 促进定向可以提高创造力、促进变革的意愿和考虑更多可能的选项, 所以促进定向者表现出明显的优势[1]。图马相·安德拉尼克和莱纳·布劳恩发现创业者促进焦点水平与识别到的机会的数量和创新性呈正相关, 而防御焦点水平与这些结果无关[141]。调节焦点理论与机会模式的识别也密切相关。创业者将看似不相干的事件或趋势联系起来, 通过这种方式识别新创企业的机会, 这些模式显示了新的商业机会[5]。对创业警觉性的研究表明, 机会识别涉及三个过程：（1）警觉性地扫描和搜索机会；（2）对各种信息来源之间的关联性保持警觉；（3）评价识别到的机会[142]。唐进童、米歇尔·米基·卡马尔和洛厄尔·布塞尼茨以365名新手创业者为样本进行调查，结果发现促进定向可以促进对相关事件的积极搜索，而预防定向由于关注潜在成本和损失，与机会的有效评价呈正相关[142]。刘依冉、张玉利和郝喜玲通过对245名技术创业者的调查也发现，促进定向与机会识别正相关，预防定向与机会识别负相关[143]。

2.5.2　调节焦点与创业意图

创业意图反映了未来创业者采取必要行动来执行该角色的准备程度。由于意图是外在行为的一个显著预测，创业意图有助于预测个体是否会真正采取行动来开发机会。麦克马伦·杰弗里和迪恩·谢泼德发现随着创业行动被感知到的收益增加，创业意图也会增加，这种效应对促进焦点的个体更强[144]。麦克马伦·杰弗里和沙克尔·扎赫拉通过调查来自275家电子商务公司的高层管理者，结果发现创业意图与公司的促进焦点和防御焦点正相关，而且在高敌对性的环境下，促进焦点与创业意图之间的正相关关系会加强，相反的，防御焦点与创业意图之间的正相关关系会减弱甚至反转[145]。李凯和王重鸣以64名MBA和企业管理专业的学生为研究对象，在实验室中进行模拟，结果发现，促进焦点情境下的创业意图高于防御焦点情境下的，而且绩效反馈会调节两者的关系，即在积极的绩效反馈下，防御焦点组会增加他们的创业意图[146]。傅·莫德等人以科学家为研究对象，结果表明，当科学家的父母拥有自己的企业以及他们从事与金融有关的行业时，促进焦点和创业意图之间的关系得到加强[147]。段锦云等人以 MBA 为研究对象，结果发现，促进焦点越高，风险知觉与创业意向之间的负相关性越强；防御焦点对风险知觉与创业意向之间的关系具有负向调节作用[148]。姜诗尧和刘振对大学生的创业意图进行研究，发现促进焦点与商业创业意图呈正相关，防御焦点与社会创业意图呈正相关[149]。谷晨等人发现，促进焦点促进个体创业决策的产生，防御焦点阻碍个体创业决策的产生[150]。

西蒙斯·莎朗等人关注创业者的创业意向，结果发现，防御焦点与持续创业的意图呈负相关，这种关系在不利的商业环境下会得到加强[151]。其他学者以既工作又创建新企业的人为研究对象，分析他们在这两方面上的时间分配决策。结果表明，在高风险情境下，促进焦点的创业者将更多的时间分配在创业企业上，防御焦点的创业者分配更少的时间给创业企业[152]。可以看出，创业对个体的吸引力不仅取决于他 / 她是促进焦点还是防御焦点，还取决于其所面临的情境。

2.5.3　调节焦点与机会开发

调节焦点不仅解释个体在创业机会识别和创业意图上的差异，对解释创业者在开发机会过程中所采取的行动也很重要。当创业者将他们设想的产品或服务转化为行动，最终成为现实社会的一部分时，就可以说成功地开发了机会[51]。在机会开发中，通常有两种活动：利用型和探索型活动。利用型活动指改进现有产品或扩大现有市场，探索型活动指开发新产品或新市场[153]。卡默兰德·纳丁等人以中小企业为研究对象，发现 CEO 的促进焦点水平与公司的利用型和探索型活动呈正相关，在激烈竞争的情况下，二者之间的关系得到加强；CEO 的防御焦点水平与公司的探索型活动呈负相关，与利用型活动不相关[154]。艾哈迈迪·赛义德等人发现在做出复杂决策时，当组织中存在与促进焦点一致的线索时，管理者的促进焦点水平将提高他们的探索倾向[155]。姜诗尧等人通过实验研究，发现促进焦点的创业者使用更多的探索型战略，防御焦点的创业者使用更多的利用型战略[153]。黄双发、玛蒂娜·巴蒂斯蒂和大卫·皮克内尔不仅探讨了调节焦点的主效应，还分析了小微企业 CEO 的促进焦点和防御焦点对组织双元性的交互作用。结果表明，当 CEO 是促进焦点（鼓励探索型活动）且任期较短时，他 / 她会鼓励利用型活动，从而产生组织双元性。当市场环境是动荡的且 CEO 任期较长时，防御焦点者也会鼓励探索型活动，从而促进组织双元性；相反，在这种情况下，促进焦点者会阻碍组织双元性[156]。

除了双元活动，研究者还发现创业者在创业过程中应对突发事件的一种关键决策方式——即兴发挥。胡玲玉等人的研究表明，促进焦点与创业者的即兴发挥显著正相关，而且，环境动荡性对防御焦点与即兴发挥之间的关系起到负向调节作用[157]。

2.5.4　调节焦点与创业绩效

关于调节焦点与创业绩效的研究主要有两个分支，其一，研究人员分析了 CEO 调节焦点如何影响组织绩效。例如，雅斯基维奇·彼得和安德鲁·卢查克（2013）发现由家族成员作为 CEO 的家族企业在稳定的环境中更成功，而由非家族成员作为 CEO 的家族企业在动态环境下更成功。根据调节匹配理论，家族成员主要关心的是家族的财政和社会利益，表现出明显的预防定向，这与变化缓慢且可预测的环境相匹配。而在一个快速转变且需要灵活应对的动态环境中，非家族成员通过采取促进定向、寻求成长和发展的方式，更有可能取得成功[158]。类似的，华莱士·克雷格等人发现，在动态的环境中，CEO 的促进定向与公司绩效之间的正相关关系得到加强，而 CEO 的预防定向和公司绩效的关系则呈负相关[159]。

其二，创业者调节定向和绩效的关系也受到了研究者的关注。例如，赫米莱斯基·基思和罗伯特·巴朗发现，在动态环境中，创业者的促进定向可以提高创业绩效，创业者的预防定向降低绩效[160]。波拉克·杰弗里对创业者的调查结果表明，促进定向可以增加创业者社交网络中的弱关系数量，进而提高创业者的收入；预防定向会减少创业者社交网络中的弱关系数量，进而降低创业者收入[161]。此外，马翠萍等人发现高促进定向和低预防定向对创业激情与组织创新之间的关系有正向调节作用[162]。

2.6 理论述评

综上所述，已有研究似乎都在说明促进焦点对创业的作用比防御焦点更积极，然而在理论上，两种焦点相互结合才对创业者更有利。因为先前研究表明过度乐观和过高水平的积极情感会导致创业者忽视消极信息，并且不愿意从失败的策略或行动中退出。未来研究的一个方向是探讨调节焦点在不同创业阶段的作用，特别是防御焦点在创业机会评价中的作用。创新是创业的一个关键特征，研究表明促进焦点在创造过程中起到了重要作用。然而，防御焦点却对创新的有效性发挥着不可替代的作用[5]，因为创业者并没有太多的资源来犯错。那么，在什么样的情境下，防御焦点个体对创业机会的评价比较积极，又在什么样的情境下，他们对创业机会的评价比较消极呢？由于防御焦点倾向于避免损失，关注安全和责任，风险感知可能是影响防御焦点者评价创业机会的一个情境因素。这也是本书想要探讨的一个主题。

此外，在对创业机会进行评估后，创业者要考虑如何开发该机会。新手创业者常常会撰写非常详细的商业计划，但对他们来说，更重要的是开始采取行动，而不是投入大量时间准备这样的计划。一些研究者指出效果推理、拼凑和即兴创造对创业者更有用[158]。这些创业行动依赖于对现有途径、资源和环境的动态反应来实现成功。长期促进焦点的个体比长期防御焦点的个体更善于利用环境中的权变来捕捉机会，因此，他们更可能采用这些方法。在创业机会开发阶段，本书旨在探讨促进焦点创业者和防

御焦点创业者对效果推理原则和因果推理的使用差异及其对创业绩效的
影响。

参考文献

［1］BROCKNER J, HIGGINS E T, LOW M B. Regulatory focus theory and
the entrepreneurial process［J］. *Journal of business venturing*，2004,
19(2): 203-220.

［2］JASKIEWICZ P, LUCHAK A A. Explaining performance differences
between family firms with family and nonfamily CEOs: it's the nature
of the tie to the family that counts!［J］. *Entrepreneurship theory and
practice*，2013, 37(6): 1361-1367.

［3］HIGGINS E T. Beyond pleasure and pain［J］. *American psychologist*,
1997, 52(12): 1280.

［4］HIGGINS E T, PINELLI F. Regulatory focus and fit effects in organizations
［J］. *Annual review of organizational psychology and organizational
behavior*，2020（7）: 25-48.

［5］JOHNSON P D, SMITH M B, WALLACE J C, et al. A review of multilevel
regulatory focus in organizations［J］. *Journal of management*，2015,
41(5): 1501-1529.

［6］CROWE E, HIGGINS E T. Regulatory focus and strategic inclinations:

promotion and prevention in decision-making ［J］. *Organizational behavior and human decision processes*, 1997, 69(2): 117-132.

［7］HIGGINS E T. Making a good decision: value from fit ［J］. *American psychologist*, 2000, 55(11): 1217.

［8］SHAH J, HIGGINS T, FRIEDMAN R S. Performance incentives and means: how regulatory focus influences goal attainment ［J］. *Journal of personality and social psychology*, 1998, 74(2): 285.

［9］LEE A Y, AAKER J L. Bringing the frame into focus: the influence of regulatory fit on processing fluency and persuasion ［J］. *Journal of personality and social psychology*, 2004, 86(2): 205.

［10］ROCZNIEWSKA M, HIGGINS E T. Messaging organizational change: how regulatory fit relates to openness to change through fairness perceptions ［J］. *Journal of experimental social psychology*, 2019(85): 103-882.

［11］SHIN Y KIM M. S. CHOI J N, KIM M, OH W. Does leader-follower regulatory fit matter? The role of regulatory fit in followers' organizational citizenship behavior ［J］. *Journal of management*, 2017, 43(4): 1211-1233.

［12］AHMADI S, KHANAGHA S, BERCHICCI L, et al. Are managers motivated to explore in the face of a new technological change? The role of regulatory focus, fit, and complexity of decision-making ［J］. *Journal of management studies*,2017, 54(2): 209-237.

［13］WALLACE J C, LITTLE L M, SHULL A. The moderating effects of task complexity on the relationship between regulatory foci and safety and production performance ［J］. *Journal of occupational health psychology*, 2008, 13(2): 95.

［14］姚琦，乐国安. 动机理论的新发展：调节定向理论 ［J］. 心理科学进展 , 2009, 17(06): 1264-1273.

［15］HIGGINS E T, FRIEDMAN R S, HARLOW R E, et al. Achievement orientations from subjective histories of success: promotion pride versus prevention pride ［J］. *European journal of social psychology*,2001, 31(1): 3-23.

［16］LOCKWOOD P, JORDAN C H, KUNDA Z. Motivation by positive or negative role models: regulatory focus determines who will best inspire us ［J］. *Journal of personality and social psychology*,2002, 83(4): 854.

［17］ROESE N J, HUR T, PENNINGTON G L. Counterfactual thinking and regulatory focus: implications for action versus inaction and sufficiency versus necessity ［J］. *Journal of personality and social psychology*,1999, 77(6): 1109.

［18］WILSON A E, ROSS M. The frequency of temporal-self and social comparisons in people' s personal appraisals ［J］. *Journal of personality and social psychology*,2000, 78(5): 928.

［19］DHOLAKIA U M, GOPINATH M, BAGOZZI R P, et al. The role of regulatory focus in the experience and self-control of desire for temptations［J］. *Journal of consumer psychology*,2006, 16(2): 163-175.

［20］SHAH J, HIGGINS E T. Regulatory concerns and appraisal efficiency: the general impact of promotion and prevention［J］. *Journal of personality and social psychology*, 2001, 80(5): 693.

［21］HIGGINS T, TYKOCINSKI O. Self-discrepancies and biographical memory: personality and cognition at the level of psychological situation ［J］. *Personality and social psychology bulletin*,1992, 18(5): 527-535.

［22］HAMSTRA M R, VAN YPEREN N W, Wisse B, et al. Like or dislike: intrapersonal regulatory fit affects the intensity of interpersonal evaluation ［J］. *Journal of experimental social psychology*, 2013, 49(4): 726-731.

［23］LIBERMAN N, MOLDEN D C, IDSON L C, et al. Promotion and prevention focus on alternative hypotheses: implications for attributional functions ［J］. *Journal of personality and social psychology*,2001, 80(1): 5.

［24］FÖRSTER J, HIGGINS E T, BIANCO A T. Speed/accuracy decisions in task performance: built-in trade-off or separate strategic concerns? ［J］. *Organizational behavior and human decision processes*,2003, 90(1): 148-164.

［25］毛畅果. 调节焦点理论：组织管理中的应用［J］. 心理科学进展，

2017，25（4）：682-690.

［26］斯晓夫，王颂，傅颖. 创业机会从何而来：发现，构建还是发现＋构建？——创业机会的理论前沿研究［J］. 管理世界，2016（3）：115-127.

［27］ALVAREZ S A, BARNEY J B, ANDERSON P. Forming and exploiting opportunities: the implications of discovery and creation processes for entrepreneurial and organizational research［J］. *Organization science*, 2013, 24(1): 301-317.

［28］VENKATARAMAN S. The distinctive domain of entrepreneurship research［J］. *Advances in entrepreneurship, firm emerges and growth*, 1997: 119-138.

［29］SHANE S, VENKATARAMAN S. The promise of entrepreneurship as a field of research［J］. *Academy of management review*, 2000, 25(1): 217-226.

［30］ARDICHVILI A, CARDOZO R, RAY S. A theory of entrepreneurial opportunity identification and development［J］. *Journal of business venturing*, 2003, 18(1): 105-123.

［31］SARASON Y, DEAN T, DILLARD J F. Entrepreneurship as the nexus of individual and opportunity: a structuration view［J］. *Journal of business venturing*, 2006, 21(3): 286-305.

［32］ALVAREZ S A, BARNEY J B. Discovery and creation: alternative theories of entrepreneurial action [J] . *Strategic entrepreneurship journal*, 2007, 1(1-2): 11-26.

[33] SHANE S. Prior knowledge and the discovery of entrepreneurial opportunities [J] . *Organization science*, 2000, 11(4): 448-469.

[34] SHEPHERD D A, MCMULLEN J S, JENNINGS P D. The formation of opportunity beliefs: over-coming ignorance and reducing doubt [J] . *Strategic entrepreneurship journal*, 2007, 1(1-2): 75-95.

[35] OZGEN E, BARON R A. Social sources of information in opportunity recognition: effects of mentors, industry networks, and professional forums [J] . *Journal of business venturing*, 2007, 22(2): 174-192.

[36] MUELLER P. Exploiting entrepreneurial opportunities: the impact of entrepreneurship on growth [J] . *Small business economics*, 2007, 28(4): 355-362.

[37] MADHOK A. Cost, value and foreign market entry mode: the transaction and the firm [J] . *Strategic management journal*, 1997, 18(1): 39-61.

[38] CHOI Y R, SHEPHERD D A. Entrepreneurs' decisions to exploit opportunities [J] . *Journal of management*, 2004, 30(3): 377-395.

[39] HAYNIE J M, SHEPHERD D A, Mcmullen J S. An opportunity for me? The role of resources in opportunity evaluation decisions [J] . *Journal of management studies*, 2009, 46(3): 337-361.

[40] KEH H T, DER FOO M, LIM B C. Opportunity evaluation under

risky conditions: the cognitive processes of entrepreneurs ［J］. *Entrepreneurship theory and practice*,2002, 27(2): 125-148.

［41］杰弗里·蒂蒙斯，小斯蒂芬·斯皮内利. 创业学案例［M］. 周伟民，吕长春，译. 北京：人民邮电出版社，2005：84-87.

［42］SHEPHERD D A, WILLIAMS T A, PATZELT H. Thinking about entrepreneurial decision making: review and research agenda ［J］. *Journal of management*, 2015, 41(1): 11-46.

［43］MITCHELL J R, SHEPHERD D A. To thine own self be true: images of self, images of opportunity, and entrepreneurial action ［J］. *Journal of business venturing*, 2010, 25(1): 138-154.

［44］CASSON M, WADESON N. The discovery of opportunities: extending the economic theory of the entrepreneur ［J］. *Small business economics*,2007, 28(4) : 285-300.

［45］GRICHNIK D, SMEJA A, WELPE I. The importance of being emotional: how do emotions affect entrepreneurial opportunity evaluation and exploitation? ［J］. *Journal of economic behavior & organization*, 2010, 76(1): 15-29.

［46］FOO M D. Emotions and entrepreneurial opportunity evaluation ［J］. *Entrepreneurship theory and practice*,2011, 35(2): 375-393.

［47］HAYTON J C, CHOLAKOVA M. The role of affect in the creation and intentional pursuit of entrepreneurial ideas ［J］. *Entrepreneurship theory and practice*, 2012, 36(1): 41–67.

[48] MCKELVIE A, HAYNIE J M, GUSTAVSSON V. Unpacking the uncertainty construct: implications for entrepreneurial action [J]. *Journal of business venturing*, 2011, 26(3): 273–292.

[49] DEWALD J, BOWEN F. Storm clouds and silver linings: responding to disruptive innovations through cognitive resilience [J]. *Entrepreneurship theory and practice*, 2010, 34(1): 197–218.

[50] WOOD M S, MCKELVIE A. Opportunity evaluation as future focused cognition: identifying conceptual themes and empirical trends [J]. *International journal of management reviews*, 2015, 17(2): 256–277.

[51] NAVIS C, OZBEK O V. The right people in the wrong places: the paradox of entrepreneurial entry and successful opportunity realization [J]. *Academy of management review*, 2016, 41(1): 109–129.

[52] HONIG B, SAMUELSSON M. Planning and the entrepreneur: a longitudinal examination of nascent entrepreneurs in Sweden [J]. *Journal of small business management*, 2012, 50(3): 365–388.

[53] CHWOLKA A, RAITH M G. The value of business planning before start-up—A decision-theoretical perspective [J]. *Journal of business venturing*, 2012, 27(3): 385–399.

[54] DELMAR F, SHANE S. Does business planning facilitate the development of new ventures? [J]. *Strategic management journal*,

2003, 24(12): 1165-1185.

[55] GRUBER M. Uncovering the value of planning in new venture creation: a process and contingency perspective [J] . *Journal of business venturing*, 2007, 22(6): 782-807.

[56] WIKLUND J, SHEPHERD D A. Portfolio entrepreneurship: habitual and novice founders, new entry, and mode of organizing [J] . *Entrepreneurship theory and practice*, 2008, 32(4): 701-725.

[57] MONSEN E, PATZELT H, SAXTON T. Beyond simple utility: incentive design and trade-offs for corporate employee-entrepreneurs [J] . *Entrepreneurship theory and practice*, 2010, 34(1): 105-130.

[58] LATHAM S F, BRAUN M. Managerial risk, innovation, and organizational decline [J] . *Journal of management*, 2009, 35(2): 258-281.

[59] SEGHERS A, MANIGART S, VANACKER T. The impact of human and social capital on entrepreneurs' knowledge of finance alternatives [J] . *Journal of small business management*, 2012, 50(1): 63-86.

[60] CHANDLER G N, HANKS S H. An examination of the substitutability of founders human and financial capital in emerging business ventures [J] . *Journal of business venturing*, 1998, 13(5): 353-369.

[61] ECKHARDT J T, SHANE S, DELMAR F. Multistage selection and the financing of new ventures [J] . *Management science*, 2006, 52(2): 220-232.

［62］SCHWIENBACHER A. A theoretical analysis of optimal financing strategies for different types of capital-constrained entrepreneurs ［J］. *Journal of business venturing*, 2007, 22(6): 753-781.

［63］KAUFMANN P J, DANT R P. Multi-unit franchising: growth and management issues ［J］. *Journal of business venturing*, 1996, 11(5): 343-358.

［64］吴隽，张建琦. 创业视角下的效果推理理论研究述评与展望［J］. 技术与创新管理，2016，37（3）：295-301.

［65］GRÉGOIRE D A, CHERCHEM N. A structured literature review and suggestions for future effectuation research ［J］. *Small business economics*, 2020, 54(3): 621-639.

［66］SARASVATHY S D, DEW N, READ S, et al. Designing organizations that design environments: lessons from entrepreneurial expertise ［J］. *Organization studies*, 2008, 29(3): 331-350.

［67］SARASVATHY S D. How do firms come to be? Towards a theory of the prefirm［D］. Pittsburgh, PA: Carnegie Mellon University, 1998.

［68］READ S, SONG M, SMIT W. A meta-analytic review of effectuation and venture performance ［J］. *Journal of business venturing*,2009, 24(6): 573-587.

［69］PERRY J T, CHANDLER G N, MARKOVA G. Entrepreneurial effectuation: a review and suggestions for future research ［J］.

Entrepreneurship theory and practice, 2012, 36(4): 837-861.

[70] AREND R J, SAROOGHI H, BURKEMPER A. Effectuation as ineffectual? Applying the 3E theory-assessment framework to a proposed new theory of entrepreneurship [J]. *Academy of management Review*,2015, 40(4): 630-651.

[71] SARASVATHY S D. Causation and effectuation: toward a theoretical shift from economic inevitability to entrepreneurial contingency [J]. *Academy of management review*,2001, 26(2): 243-263.

[72] SARASVATHY S D. Entrepreneurship as a science of the artificial [J]. *Journal of economic psychology*,2003, 24(2): 203-220.

[73] READ S, SARASVATHY S D. Knowing what to do and doing what you know: effectuation as a form of entrepreneurial expertise [J]. *Journal of private equity*,2005, 9(1): 45.

[74] WILTBANK R, DEW N, READ S, et al. What to do next? The case for non - predictive strategy [J]. *Strategic management journal*,2006, 27(10): 981-998.

[75] DEW N, READ S, SARASVATHY S D, et al. Outlines of a behavioral theory of the entrepreneurial firm [J]. *Journal of economic behavior & organization*, 2008, 66(1): 37-59.

[76] DEW N, SARASVATHY S D, READ S, et al. Immortal firms in mortal markets? An entrepreneurial perspective on the "innovator' s dilemma"

［J］. *European journal of innovation management*,2008, 11(3): 313-329.

［77］SARASVATHY D K, SIMON H A, LAVE L. Perceiving and managing business risks: differences between entrepreneurs and bankers ［J］. *Journal of economic behavior & organization*,1998, 33(2): 207-225.

［78］SARASVATHY S D, DEW N. Entrepreneurial logics for a technology of foolishness ［J］. *Scandinavian journal of Management*, 2005, 21(4): 385-406.

［79］READ S, DEW N, SARASVATHY S D, et al. Marketing under uncertainty: the logic of an effectual approach ［J］. *Journal of marketing*,2009, 73(3): 1-18.

［80］POLITIS D, WINBORG J, DAHLSTRAND Å L. Exploring the resource logic of student entrepreneurs ［J］. *International small business journal*,2012, 30(6): 659-683.

［81］NEWBERT S L. Marketing amid the uncertainty of the social sector: do social entrepreneurs follow best marketing practices? ［J］. *Journal of public policy & marketing*,2012, 31(1): 75-90.

［82］ALSOS G A, CLAUSEN T H, HYTTI U, et al. Entrepreneurs' social identity and the preference of causal and effectual behaviours in start-up processes ［J］. *Entrepreneurship & regional development*, 2016, 28(3-4): 234-258.

［83］SIEGER P, GRUBER M, FAUCHART E, et al. Measuring the social identity of entrepreneurs: scale development and international validation ［J］. *Journal of business venturing*, 2016, 31(5): 542-572.

［84］CHANDLER G N, DETIENNE D R, MCKELVIE A, et al. Causation and effectuation processes: a validation study ［J］. *Journal of business venturing*, 2011, 26(3): 375-390.

［85］AGOGUE M, LUNDQVIST M, MIDDLETON K W. Mindful deviation through combining causation and effectuation: A design theory - based study of technology entrepreneurship ［J］. *Creativity and innovation management*,2015, 24(4): 629-644.

［86］BHOWMICK S. They look while they leap: generative co-occurrence of enactment and effectuation in entrepreneurial action ［J］. *Journal of management & organization*, 2015, 21(4): 515-534.

［87］CORNER P D, HO M. How opportunities develop in social entrepreneurship ［J］. *Entrepreneurship theory and practice*,2010, 34(4): 635-659.

［88］GOLICIC S L, SEBASTIAO H J. Supply chain strategy in nascent markets: the role of supply chain development in the commercialization process ［J］. *Journal of business logistics*,2011, 32(3): 254-273.

［89］DUTTA D K, GWEBU K L, WANG J. Personal innovativeness in technology, related knowledge and experience, and entrepreneurial intentions in emerging technology industries: a process of causation or effectuation? [J] . *International entrepreneurship and management journal*, 2015, 11(3): 529−555.

[90] YUSUF J, SLOAN M F. Effectual processes in nonprofit start-ups and social entrepreneurship: an illustrated discussion of a novel decision−making approach [J] . *The American review of public administration*,2015, 45(4): 417−435.

[91] FISHER G. Effectuation, causation, and bricolage: a behavioral comparison of emerging theories in entrepreneurship research [J] . *Entrepreneurship theory and practice*, 2012, 36(5): 1019−1051.

[92] BERENDS H, JELINEK M, REYMEN I, et al. Product innovation processes in small firms: combining entrepreneurial effectuation and managerial causation [J] . *Journal of product innovation management*,2014, 31(3): 616−635.

[93] SITOH M K, PAN S L, YU C. Business models and tactics in new product creation: the interplay of effectuation and causation processes [J] . *IEEE transactions on engineering management*,2014, 61(2): 213−224.

[94] NUMMELA N, SAARENKETO S, JOKELA P, et al. Strategic decision-making of a born global: a comparative study from three small open economies [J] . *Management international review*,2014, 54(4): 527−550.

[95] CISZEWSKA−MLINARIC M, OBLOJ K, WASOWSKA A. Effectuation

and causation: two decision-making logics of INVs at the early stage of growth and internationalisation [J] . *Journal of East European management studies*, 2016, 21(3): 275-297.

[96] MAINE E, SOH P, DOS SANTOS N. The role of entrepreneurial decision-making in opportunity creation and recognition [J] . *Technovation*, 2015(39): 53-72.

[97] REYMEN I, BERENDS H, OUDEHAND R, et al. Decision making for business model development: a process study of effectuation and causation in new technology-based ventures [J] . *R&D management*,2017, 47(4): 595-606.

[98] KAUFMANN D. The influence of causation and effectuation logics on targeted policies: the cases of Singapore and Israel [J] . *Technology analysis & strategic management*,2013, 25(7): 853-870.

[99] REYMEN I M, ANDRIES P, BERENDS H, et al. Understanding dynamics of strategic decision making in venture creation: a process study of effectuation and causation [J] . *Strategic entrepreneurship journal*, 2015, 9(4): 351-379.

[100] SILTALOPPI J, TOIVONEN M. Integration of planning and execution in service innovation [J] . *The Service Industries Journal*,2015, 35(4): 197-216.

[101] SMOLKA K M, VERHEUL I, BURMEISTER LAMP K, et al. Get it

together! Synergistic effects of causal and effectual decision–making logics on venture performance [J]. *Entrepreneurship theory and practice*,2018, 42(4): 571-604.

[102] ORTEGA A M, GARCÍA M T, SANTOS M V. Effectuation-causation: what happens in new product development? [J]. *Management decision*, 2017, 55(8): 1717-1735.

[103] LAINE I, GALKINA T. The interplay of effectuation and causation in decision making: russian SMEs under institutional uncertainty [J]. *International entrepreneurship and management journal*,2017, 13(3): 905-941.

[104] FUTTERER F, SCHMIDT J, HEIDENREICH S. Effectuation or causation as the key to corporate venture success? Investigating effects of entrepreneurial behaviors on business model innovation and venture performance [J]. *Long range planning*,2018, 51(1): 64-81.

[105] VERREYNNE M, MILES M P, HARRIS C. A short note on entrepreneurship as method: a social enterprise perspective [J]. *International entrepreneurship and management journal*, 2013, 9(1): 113-128.

[106] MTHANTI T S, URBAN B. Effectuation and entrepreneurial orientation in high-technology firms [J]. *Technology analysis & strategic management*, 2014, 26(2): 121-133.

[107] CAI L, GUO R, FEI Y, et al. Effectuation, exploratory learning and new venture performance: evidence from China [J] . *Journal of small business management*, 2017, 55(3): 388-403.

[108] PARIDA V, GEORGE N M, LAHTI T, et al. Influence of subjective interpretation, causation, and effectuation on initial venture sale [J] . *Journal of business research*,2016, 69(11): 4815-4819.

[109] DUTTA D K, THORNHILL S. Venture cognitive logics, entrepreneurial cognitive style, and growth intentions: a conceptual model and an exploratory field study [J] . *Entrepreneurship research journal*,2014, 4(2): 147-166.

[110] GUO R, CAI L, ZHANG W. Effectuation and causation in new internet venture growth: the mediating effect of resource bundling strategy [J] . *Internet research*,2016, 26(2): 460-483.

[111] EVERS N, O GORMAN C. Improvised internationalization in new ventures: the role of prior knowledge and networks [J] . *Entrepreneurship & regional development*,2011, 23(7-8): 549-574.

[112] EVERS N, ANDERSSON S, HANNIBAL M. Stakeholders and marketing capabilities in international new ventures: evidence from Ireland, Sweden, and Denmark [J] . *Journal of international marketing*,2012, 20(4): 46-71.

[113] NOWIŃSKI W, RIALP A. Drivers and strategies of international new

ventures from a central European transition economy ［J］. *Journal for East European management studies*,2013: 191-231.

［114］KALINIC I, SARASVATHY S D, FORZA C. "Expect the unexpected"：implications of effectual logic on the internationalization process ［J］. *International business review*,2014, 23(3): 635-647.

［115］CHANDRA Y, STYLES C, WILKINSON I F. Opportunity portfolio: moving beyond single opportunity explanations in international entrepreneurship research ［J］. *Asia Pacific journal of management*,2015, 32(1): 199-228.

［116］CHETTY S, OJALA A, LEPPÄAHO T. Effectuation and foreign market entry of entrepreneurial firms ［J］. *European journal of marketing*,2015, 49(9/10): 1436-1459.

［117］GALKINA T, CHETTY S. Effectuation and networking of internationalizing SMEs ［J］. *Management international review*,2015, 55(5): 647-676.

［118］SULLIVAN MORT G, WEERAWARDENA J, LIESCH P. Advancing entrepreneurial marketing: evidence from born global firms ［J］. *European journal of marketing*, 2012, 46(3/4): 542-561.

［119］GABRIELSSON P, GABRIELSSON M. A dynamic model of growth phases and survival in international business-to-business new ventures: the moderating effect of decision-making logic ［J］. *Industrial marketing management*，2013, 42(8): 1357-1373.

[120] COVIELLO N E, JOSEPH R M. Creating major innovations with customers: insights from small and young technology firms [J]. *Journal of marketing*，2012, 76(6): 87-104.

[121] AAL K, DI PIETRO L, EDVARDSSON B, et al. Innovation in service ecosystems: an empirical study of the integration of values, brands, service systems and experience rooms [J]. *Journal of service management*,2016, 27(4): 619-651.

[122] BRETTEL M, MAUER R, ENGELEN A, et al. Corporate effectuation: entrepreneurial action and its impact on R&D project performance [J]. *Journal of business venturing*,2012, 27(2): 167-184.

[123] BLAUTH M, MAUER R, BRETTEL M. Fostering creativity in new product development through entrepreneurial decision making [J]. *Creativity and innovation management*, 2014, 23(4): 495-509.

[124] ENGEL Y, VAN BURG E, KLEIJN E, et al. Past career in future thinking: How career management practices shape entrepreneurial decision making [J]. *Strategic entrepreneurship journal*, 2017, 11(2): 122-144.

[125] MURNIEKS C Y, HAYNIE J M, WILTBANK R E, et al. "I like how you think": similarity as an interaction bias in the investor-entrepreneur dyad [J]. *Journal of management studies*, 2011, 48(7): 1533-1561.

［126］WILTBANK R, READ S, DEW N, et al. Prediction and control under uncertainty: outcomes in angel investing ［J］. *Journal of business venturing*,2009, 24(2): 116-133.

［127］DELIGIANNI I, VOUDOURIS I, LIOUKAS S. Do effectuation processes shape the relationship between product diversification and performance in new ventures? ［J］. *Entrepreneurship theory and practice*,2017, 41(3): 349-377.

［128］WELTER C, KIM S. Effectuation under risk and uncertainty: a simulation model ［J］. *Journal of business venturing*,2018, 33(1): 100-116.

［129］TOWNSEND D M, HUNT R A, MCMULLEN J S, et al. Uncertainty, knowledge problems, and entrepreneurial action ［J］. *Academy of management annals*,2018, 12(2): 659-687.

［130］ARROW K J. Alternative approaches to the theory of choice in risk-taking situations ［J］. *Econometrica: journal of the econometric society*, 1951: 404-437.

［131］MINER J B, RAJU N S. Risk propensity differences between managers and entrepreneurs and between low-and high-growth entrepreneurs: a reply in a more conservative vein ［J］. *Journal of applied psychology*, 2004(89): 3-13.

［132］PALICH L E, BAGBY D R. Using cognitive theory to explain

entrepreneurial risk-taking: challenging conventional wisdom ［J］.
Journal of business venturing, 1995, 10(6): 425-438.

［133］BARON R A. Cognitive mechanisms in entrepreneurship: why and
when enterpreneurs think differently than other people ［J］. *Journal of
business venturing*, 1998, 13(4): 275-294.

［134］EDELMAN L, YLI RENKO H. The impact of environment and
entrepreneurial perceptions on venture-creation efforts: bridging
the discovery and creation views of entrepreneurship ［J］. *En-
trepreneurship theory and practice.*,2010, 34(5): 833-856.

［135］HMIELESKI K M, BARON R A. Regulatory focus and new venture
performance: a study of entrepreneurial opportunity exploitation under
conditions of risk versus uncertainty ［J］. *Strategic entrepreneurship
journal*, 2008, 2(4): 285-299.

［136］SITKIN S B, PABLO A L. Reconceptualizing the determinants of risk
behavior ［J］. *Academy of management review*, 1992, 17(1): 9-38.

［137］MONSEN E, URBIG D. Perceptions of efficacy, control, and risk: a
theory of mixed control ［M］. Understanding the entrepreneurial mind,
Springer, 2009: 259-281.

［138］NABI G, LIÑÁN F. Considering business start-up in recession time:
the role of risk perception and economic context in shaping the
entrepreneurial intent ［J］. *International journal of entrepreneurial*

behavior & research, 2013, 19(6): 633-655.

［139］BARBOSA S D, KICKUL J, LIAO-TROTH M. Development and validation of a multidimensional scale of entrepreneurial risk perception ［C］. Philadelphia, USA: Academy of Management, 2007.

［140］FITZSIMMONS J R, DOUGLAS E J. Interaction between feasibility and desirability in the formation of entrepreneurial intentions ［J］. *Journal of business venturing*, 2011, 26(4): 431-440.

［141］TUMASJAN A, BRAUN R. In the eye of the beholder: how regulatory focus and self-efficacy interact in influencing opportunity recognition ［J］. *Journal of business venturing*,2012, 27(6): 622-636.

［142］TANG J, KACMAR K M M, BUSENITZ L. Entrepreneurial alertness in the pursuit of new opportunities ［J］. *Journal of business venturing*, 2012, 27(1): 77-94.

［143］刘依冉, 张玉利, 郝喜玲, 等. 结构相似性效应: 机会识别的认知机制及影响因素 ［J］. 南开管理评论, 2020, 23 (5): 194-201.

［144］MCMULLEN J S, SHEPHERD D A. Regulatory focus and entrepreneurial intention: action bias in the recognition and evaluation of opportunities ［J］. *Frontiers of entrepreneurship research*,2002, 22(2): 61-72.

［145］MCMULLEN J S, ZAHRA S A. Regulatory focus and executives' intentions to commit their firms to entrepreneurial action ［C］. Babson

College Entrepreneurship Research Conference (BCERC),2006.

［146］LI K, WANG Z M. The effect of regulatory focus and performance feedback on entrepreneurial intention: a simulation experiment study ［C］. 2008 4th International Conference on Wireless Communications, Networking and Mobile Computing. IEEE, 2008: 1-5.

［147］FOO M, KNOCKAERT M, CHAN E T, et al. The individual environment nexus: impact of promotion focus and the environment on academic scientists' entrepreneurial intentions ［J］. *IEEE transactions on engineering management*,2016, 63(2): 213-222.

［148］段锦云, 孙建群, 简丹丹, 等 . 创业特征框架对创业意向的影响——创业认知的视角［J］. 南开管理评论, 2016, 19（5）: 182-192.

［149］姜诗尧, 刘振 . 基于调节焦点视角的创业意图形成机理研究［J］. 管理学报, 2021, 18（12）: 1807-1813.

［150］谷晨, 张玉利, 崔连广, 等 . 调节焦点对创业决策的影响研究——基于认知视角［J］. 管理评论, 2021, 33（6）: 122-133.

［151］SIMMONS S A, CARR J C, HSU D K, et al. The regulatory fit of serial entrepreneurship intentions ［J］. *Applied psychology*, 2016, 65(3): 605-627.

［152］BURMEISTER-LAMP K, LÉVESQUE M, SCHADE C. Are entrepreneurs influenced by risk attitude, regulatory focus or both? An experiment on entrepreneurs' time allocation [J] . *Journal of business venturing*, 2012, 27(4): 456-476.

[153] 姜诗尧, 李艳妮, 李圭泉 . 创业者调节焦点, 注意力配置对创业战略决策的影响 [J] . 管理学报, 2019, 16 (9): 1375.

[154] KAMMERLANDER N, BURGER D, FUST A, et al. Exploration and exploitation in established small and medium-sized enterprises: the effect of CEOs' regulatory focus [J] . *Journal of business venturing*, 2015, 30(4): 582-602.

[155] AHMADI S, KHANAGHA S, BERCHICCI L, et al. Are managers motivated to explore in the face of a new technological change? The role of regulatory focus, fit, and complexity of decision-making [J] . *Journal of management studies*, 2017, 54(2): 209-237.

[156] HUANG S, BATTISTI M, PICKERNELL D. CEO regulatory focus as the microfoundation of organizational ambidexterity: a configurational approach [J] . *Journal of business research*, 2021(125): 26-38.

[157] HU L, GU J, WU J, et al. Regulatory focus, environmental turbulence, and entrepreneur improvisation [J] . *International entrepreneurship and management journal*, 2018, 14(1): 129-148.

[158] JASKIEWICZ P, LUCHAK A A. Explaining performance differences between family firms with family and nonfamily CEOs: it's the nature of the tie to the family that counts! [J] . *Entrepreneurship theory and*

practice, 2013, 37(6): 1361-1367.

[159] WALLACE J C, LITTLE L M, HILL A D, et al. CEO regulatory foci, environmental dynamism, and small firm performance [J]. *Journal of small business management*, 2010, 48(4): 580-604.

[160] HMIELESKI K M, BARON R A. Regulatory focus and new venture performance: a study of entrepreneurial opportunity exploitation under conditions of risk versus uncertainty [J]. *Strategic entrepreneurship journal*, 2008, 2(4): 285-299.

[161] POLLACK J M, FORSTER W R, JOHNSON P D, et al. Promotion-and prevention-focused networking and its consequences for entrepreneurial success [J]. *Social psychological and personality science*, 2015, 6(1): 3-12.

[162] MA C, GU J, LIU H, et al. Entrepreneurial passion and organizational innovation: the moderating role of the regulatory focus of entrepreneurs [J]. *Journal of developmental entrepreneurship*, 2017, 22(3): 175-200.

第3章　调节焦点对创业机会评价的影响

已有的研究在探讨创业者如何评价机会方面主要关注认知和情绪因素对创业机会评价的影响，然而动机也可能通过启动一系列与评价相关的思维和情绪来预测创业行为。自我调节作为一种典型的动机状态，很可能影响创业机会的评价决策。本章旨在检验调节焦点对创业机会评价的影响，以及风险感知对两者关系的调节作用。

3.1　研究假设

3.1.1　调节焦点与创业机会评价

根据调节焦点理论，本章假设促进焦点者对创业机会的评价更积极。首先，促进焦点个体倾向被成就所驱动，处于一种渴求的状态，他们会主动捕捉新兴的机会[1]。其次，促进焦点个体更具有创造力，对新的想法更加开放。他们认为许多创意都值得考虑，以此保证"击中"[2]。研究发现，创业者的促进定向水平与发现的机会数量和创新性呈正相关[1]。最后，在信息加工过程中，促进焦点个体对积极信息更为敏感[1,3]，因此他们对新机会的评价更正面。

与促进焦点者相反，为了尽量避免损失，防御焦点者在评价机会时会更谨慎。首先，由于防御焦点个体被安全需要所驱动，处于一种警觉的状态，这使得他们对新的机会更加保守并更可能采取防御的策略[1]。其次，防御焦点个体在考虑创意时更加批判，以避免开发"错误"的机会和造成损失，所以他们在决定是否利用和开发机会时更加谨慎[3]。最后，防御焦点者对消极信息更为敏感，因此在考虑机会时更加犹豫，对存在潜在机会的信号的评价也会大打折扣[1,4]。正如菲茨西蒙斯·杰森和埃文·道格拉斯所指出的，在形成创业意愿的早期阶段，采取防御焦点的个体更加关注如何通过避免损失来保护有限的资源[5]。

综上所述，本书提出：

假设 1a：促进焦点水平与创业机会评价呈正相关。

假设 1b：防御焦点水平与创业机会评价呈负相关。

3.1.2　风险感知的调节作用

风险是指创业者能否成功将创意转变为机会的概率[6]。执行创意是有风险的，不是每一个创意都能成为一个机会，创业者必须考虑到生产和输出一组产品和服务的成本以及商业开支[7]。失败的创业将带来经济损失。

因此，感知到风险的高低是影响创业者如何评价创意的一个重要因素。只有相信自己有能力控制企业的运转和感知到低失败率的创业者，才会将创意看成是一个可行的和值得考虑的机会[7]。当创业者感知到较高的风险时，他们往往会更消极地评价该创意。

根据调节匹配理论，当个体感知到高风险并发觉处于弱势时，他们会关注情境的消极方面，并提高他们的警戒性，这种倾向与防御焦点一致[8]。因此，当感知到的风险较高时，消极信息与个体的调节焦点目标相符[6]。在这种条件下，感知到的高风险使得促进焦点目标变得不显著，个体对消极信息更敏感，他们的防御焦点状态也相应提高了[6]。因此，在风险感知高的条件下，促进焦点水平与机会评价的正向关系将减弱。同时，随着风险感知增加，低防御焦点者也会提高他们的谨慎水平，预防风险，所以他们对机会的评价随之降低。相应的，防御焦点与机会评价的负向关系将减弱。正如段锦云等学者[9]认为的，高风险情境使得特质调节焦点的影响弱化，从而缩小了个体间的差异。他们发现，当风险知觉较高时，高低调节焦点者的创业意向水平更接近。

反之，当个体感知到低风险并可能盈利时，他们会关注情境的积极方面，并期望取得成功，这种倾向与促进焦点一致。所以，当感知到的风险较低时，积极信息与个体的调节焦点目标相符。因此，在风险感知较低的情况下，促进焦点水平与机会评价的正向关系将得到加强。段锦云等学者认为，在弱情境下（风险知觉低的情况下），高低调节焦点者之间将表现出明显的认知差异。他们发现，当感知到较低的风险时，高促进焦点者更可能进行大胆的创业尝试；高防御焦点者依然会谨小慎微，关注损失和风险，不会轻易进行创业尝试[9]。因此，在风险感知低的条件下，防御焦点倾向与机会评价呈负相关关系。

　　假设 2a：风险感知调节促进焦点与机会评价的正向关系：风险感知越低，促进焦点与机会评价的正向关系越强。

　　假设 2b：风险感知调节防御焦点与机会评价的负向关系：风险感知越低，防御焦点与机会评价的负向关系越强。

　　图 3-1 呈现了调节焦点对创业机会评价的影响。该模型假设个体的调节焦点影响积极或消极的机会评价，风险感知对两者的关系起到调节作用。

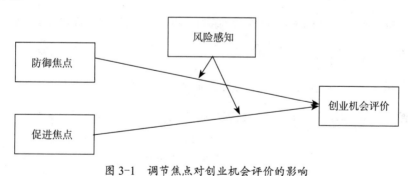

图 3-1　调节焦点对创业机会评价的影响

3.2 方法

3.2.1 样本

首先，主试联系给 MBA 上课的厦门大学老师，根据老师的课堂安排，在课前让厦门大学的在职 MBA 学生填写调节焦点问卷和基本信息，通过在 4 个班级发放问卷，共回收 215 份问卷，一周之后，让相同班级的 MBA 学生阅读一个创业情境，并基于该情境回答风险感知、机会评价等问题，共回收 207 份问卷。根据被试所填写的手机尾号后四位，主试对两次问卷进行匹配，总共回收 239 份问卷，两次都完整填写的问卷有 183 份，有效率为 76.57%。其中，男性占 48.10%。平均年龄 32.55（SD=5.31）。其中在制造业工作的人占 30.6%，在金融行业工作的人占 15.3%，在零售、批发行业工作的人占 11.5%，在 IT、互联网行业工作的人占 7.1%，在咨询、文化、服务业工作的人占 7.1%，在建筑业工作的人占 6.6%，在贸易、供应链、物流等行业工作的人占 4.9%，在政府、事业单位工作的人占 3.8%，其他行业的占 13.1%。如表 3-1 所示。

表 3-1　各个行业的占比　　　　　　　　　　单位：%

行业	占比
制造业	30.6
金融业	15.3
零售、批发业	11.5
IT、互联网行业	7.1

续表

行业	占比
咨询、文化、服务业	7.1
建筑业	6.6
贸易、供应链、物流等行业	4.9
政府、事业单位	3.8
其他	13.1
总计	100

3.2.2 测量

调节焦点：采用洛克伍德·佩内洛普、克里斯蒂安·乔丹和齐瓦·昆达[10]开发的一般调节焦点问卷，测量参与者通过促进焦点和防御焦点调节自身行为的倾向。该问卷包含 18 个题目，与促进型 / 防御型目标相关的题目各 9 个，例如，"我经常思考如何实现自己的愿望和抱负"（促进焦点），"我经常思考如何能避免失败"（防御焦点）。采用 7 点里克特等级评价。促进焦点量表 Cronbach α =0.82，防御焦点量表 Cronbach α =0.70。

材料：采用齐·希达、毛·德福和文昌·林开发的短案例[7]。案例方法可以使情境变得具体，并且使参与者得到相同的信息。

在阅读案例之后，参与者回答以下量表的问题。

风险感知：采用齐·希达等学者开发的 4 个题项问卷[7]，测量创业中感知到的风险（Cronbach α =0.83）。这 4 个题项包括损失的概率、情境的不确定水平、可能损失的大小和创业的整体风险。

机会评价：采用齐·希达等学者开发的 3 个题项问卷[7]，测量个体是否将这个项目视为机会（Cronbach α =0.81）。这 3 个题项包括感知到创业的合意性和可行性，以及整体的机会。正如前面所述，机会是一种被认为合意和可行的未来状态。

3.3 结果

3.3.1 效度检验

我们运用 LISREL8.8 软件对防御焦点、促进焦点、风险感知和机会评价这些变量进行验证性因子分析，结果表现出良好的结构效度，χ^2/df（626.21/269) = 2.33；CFI=0.86；IFI=0.86；NNFI=0.85；RMSEA=0.09。这些结果为变量间的区分效度提供了证据。

3.3.2 假设检验

表 3-2 显示了研究变量的平均值、标准差和相关系数。如表 3-2 所示，促进焦点与机会评价显著正相关（r=0.20，p<0.01），而防御焦点与机会评价的相关不显著。风险感知与机会评价显著负相关（r=-0.41，p<0.01）。

表 3-2　研究变量的平均值、标准差和相关系数（*N*=183）

变量	*M*	SD	1	2	3	4	5	6	7
1. 性别	0.52	0.50	—						
2. 年龄	32.55	5.31	-0.11	—					
3. 工作经验	9.86	5.21	-0.08	0.93**	—				
4. 促进焦点	5.54	0.79	-0.14	0.11	0.10	—			
5. 防御焦点	3.97	0.90	-0.02	0.04	0.07	0.01	—		
6. 风险感知	4.41	1.15	-0.09	0.01	-0.03	-0.05	-0.00	—	
7. 机会评价	5.05	1.04	0.06	0.04	0.04	0.20**	-0.09	-0.41**	—

注：* 表示 $p<0.05$，** 表示 $p<0.01$。

为了检验研究假设，本书运用 SPSS22.0 进行了分层回归分析。首先，我们对三个主要变量（防御焦点、促进焦点、风险感知）进行了中心化，并计算调节焦点与风险感知之间的交互项。如表 3-2 所示，促进焦点与机会评价正相关（β=0.20，$p<0.01$，模型一），支持假设 1a。但防御焦点与机会评价的相关不显著（β=-0.09，ns，模型一），不支持假设 1b。

假设 3 和 4 提出调节效应。如表 3-3 所示，促进焦点与风险感知的交互项对机会评价的预测不显著（β=0.01，ns，模型二），不支持假设 2a。防御焦点与风险感知的交互项正向预测机会评价（β=0.15，$p<0.05$，模型二）。图 3-2 呈现了风险感知对防御焦点与机会评价之间关系的调节作用。分析结果显示，当风险感知水平低时，防御焦点与机会评价显著负相关，而当风险感知水平高时，防御焦点与机会评价相关不显著，结果支持假设 2b。

表 3-3　调节焦点对机会评价的影响回归分析结果

	机会评价	
	模型一	模型二
控制变量		
性别	0.05	0.03
年龄	0.08	0.09
工作经验	−0.05	−0.04
自变量		
防御焦点	−0.09	−0.13
促进焦点	0.18**	0.16*
调节变量		
风险感知	−0.40**	−0.37**
交互项		
防御焦点 * 风险感知		0.15*
促进焦点 * 风险感知		0.01
R^2	0.21	0.23
调整 R^2	0.18	0.19
$\triangle R^2$	0.21	0.02
F	7.74	6.37

注：* 表示 $p<0.05$，** 表示 $p<0.01$。

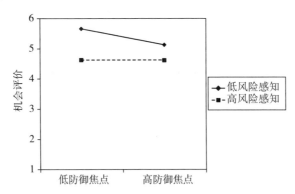

图 3-2　风险感知对防御焦点与机会评价关系的调节作用

3.4　讨论

本章发现，促进焦点与创业机会评价呈正相关，防御焦点与创业机会评价的负相关不显著。此结果与以往研究发现比较一致。促进焦点者积极地搜索机会，他们认为许多创意都值得考虑，以保证"击中"，而防御焦点个体在考虑创意时则更有批判性，他们避免犯错和保证没有"错误预警"。促进焦点个体对与收益相关的信息更敏感，而防御焦点个体对与损失相关的信息更敏感。因此，促进焦点会提高对机会的积极评价。此外，研究表明，相对于防御焦点个体，促进焦点个体会考虑更多的可能性，对信息的开放度更高。因此，他们会捕捉任何可能获得成功的创业机会以实现抱负。

本章还探讨了在不同风险感知条件下，调节焦点如何影响创业机会评价。研究结果表明，风险感知对促进焦点与创业机会评价之间关系的调节作用不显著。不管感知到的风险是高还是低，促进焦点者都会比较积极地评价创业机会，他们不会考虑损失，通常将自身置于较大的风险之中。这与段锦云等学者的研究结果不一致，他们发现，当风险知觉较弱时，促进焦点与创业意向的关系加强，当风险知觉较强时，促进焦点与创业意向的关系不显著。原因之一可能是促进焦点对机会评价和创业意向的影响机制不同，未来研究需要进一步探索在这两个阶段创业者的认知差异。

本章发现，当感知到的风险较低时，防御焦点与机会评价的负相关显著，当感知到的风险较高时，防御焦点与机会评价的负相关不显著，整体呈现出更低的机会评价。这与前人的研究结果一致[9]。在高风险的创业环境中，创业者会更偏好与防御焦点一致的策略，此时情境的作用大于个体本身特质的作用，使得高低防御焦点者都表现出较低的机会评价倾向。

参考文献

［1］TUMASJAN A, BRAUN R. In the eye of the beholder: how regulatory focus and self-efficacy interact in influencing opportunity recognition［J］. *Journal of business venturing*, 2012, 27(6):622-636.

［2］BROCKNER J, HIGGINS E T, LOW M B. Regulatory focus theory and the entrepreneurial process［J］. *Journal of business venturing*, 2004, 19(2):203-220.

［3］刘依冉，张玉利，郝喜玲. 调节定向与创业机会识别机制研究［J］. 管理学报，2020，17（3）：402-410.

［4］SHANE S, VENKATARAMAN S. The promise of entrepreneurship as a field of research［J］. *Academy of management review*, 2000, 25(1):217-226.

［5］FITZSIMMONS J R, DOUGLAS E J. Interaction between feasibility and desirability in the formation of entrepreneurial intentions［J］. *Journal of business venturing*, 2011,26(4):431-440.

［6］LIN Y, CHANG C A, LIN Y. Self-Construal and regulatory focus influences on persuasion: the moderating role of perceived risk［J］. *Journal of business research*, 2012,65(8):1152-1159.

［7］KEH H T, DER FOO M, LIM B C. Opportunity evaluation under risky conditions: the cognitive processes of entrepreneurs［J］. *Entrepreneurship theory and practice*, 2002,27(2):125-148.

［8］SHAH J, HIGGINS T, FRIEDMAN R S. Performance incentives and means: how regulatory focus influences goal attainment［J］. *Journal of personality and social psychology*, 1998,74(2):285.

［9］段锦云，孙建群，简丹丹，等 . 创业特征框架对创业意向的影响——创业认知的视角［J］. 南开管理评论，2016，19（5）：182-192.

［10］LOCKWOOD P, JORDAN C H, KUNDA Z. Motivation by positive or negative role models: regulatory focus determines who will best inspire us［J］. *Journal of personality and social psychology*, 2002,83(4):854.

第4章 调节焦点对创业机会开发的影响

4.1 研究假设

自从萨拉瓦蒂区分了创业决策中手段驱动的效果推理模式与目标导向的因果推理模式，创业研究就对效果推理很感兴趣[1-2]。因果推理逻辑强调对未来的预测和实现既定目标。效果推理逻辑由一系列原则组成，强调决策者对未来的可控性而非预测未来。效果推理原则包括从已有的资源中产生新的机会（试验）、充分利用预期之外的权变（柔性）、获得事先承诺和关注可承受的损失[3]。过去研究大多将效果推理当作一个整体来进行研究，或假设效果推理的各个原则具有一致的效应[4-6]。然而，一些结果表明，效果推理原则可能对同一个指标出现相反的效应，即一些原则促进该指标，而其他原则抑制该指标[7-8]。理查德·阿伦德、海萨莫丁·萨鲁吉和安德鲁·伯克姆珀亦指出，效果推理的各个原则实际上反映了不同的认知过程和行为[9]。这就使得我们提出疑问：效果推理各个原则在前因和后果上是否存在差异？如果存在差异，那么效果推理使用者就不需要采用所有的原则，而只聚焦于他们认为合适的原则[10]。

帕尔米·马克西米利安等人[11]以调节焦点理论为基础将效果推理的各个原则划分为由促进焦点支配的原则与由防御焦点支配的原则，并探讨它们与创业导向的关系。帕尔米·马克西米利安等人认为，因果推理逻辑由促进焦点驱动；试验原则、柔性原则由促进焦点驱动，可承受损失原则、事先承诺原则由防御焦点驱动[11]。该研究虽然运用调节焦点理论来区分效果推理原则，但并没有通过实证研究来验证该理论解释。此外，布雷特尔·马尔特等[12]虽然对效果推理的各个原则进行了区分，却并没有发现这些原则之间的差异。为了克服上述缺点，本书以调节焦点理论为基础，探讨促进焦点和防御焦点与效果推理原则及因果推理之间是否存在不同的关系，以及效果推理各原则和因果推理对创业绩效的影响。

调节焦点理论关注人类决策机制中的动机倾向。它区分了促进焦点和防御焦点，这两种调节焦点影响着个体的决策，包括决策判断、认知评价和行为策略等[13-15]。调节焦点理论为研究创业者的认知及其结果提供了一个独特的视角[16-18]。当个体拥有促进焦点倾向时，他们的成长和提高动机会促使他们追求"最大"目标，以取得成就和实现抱负。当个体拥有防御焦点倾向时，他们的安全动机促使他们追求"最小"目标，以履行责任和避免失败。促进焦点强调获得收益和积极结果，防御焦点强调避免损失和消极结果。因此，促进焦点个体策略性地追求"击中"和避免"失去"，即当刺激出现时，他们会识别它和避免错过它。相反，防御焦点个体策略性地做出正确拒绝和避免"错误预警",他们旨在判定一个不存在的刺激确实没有出现,而避免判定一个不存在的刺激出现过[13, 16, 19]。这两种调节焦点是互相独立的,个体可以在两者上得分都很高[19-20]。这种独立性对效果推理和因果推理研究具有重要的意义:创业者可能结合使用效果推理的各个原则,但这些原则可以由不同的调节焦点驱动[11]。

4.1.1 调节焦点与决策逻辑

调节焦点与因果推理逻辑。钱德勒·盖伦等[21]区分了因果推理逻辑和4个效果推理原则:试验、可承受损失、柔性和事先承诺。当创业者采用因果推理逻辑时,他们会进行全面的竞争力分析和做出详尽的计划,以识别最优策略和最大化期望回报。他们关注理想并努力实现他们的希望。这种决策方式适合促进焦点创业者,因为促进焦点者对积极结果而非消极结果更敏感。高促进焦点意味着创业者更容易将他们自己、他们的公司和利益相关者置于风险中[14],而使用因果推理的创业者会选择期望回报最大的战略决策,这在风险情境下十分有用。其次,促进焦点创业者会设定非常具有挑战性的目标[22],而通过详细的计划和分析,这些目标往往是可以实现的,并容易与员工沟通。因此,本章预测促进焦点与因果推理逻辑正相关。

防御焦点者关注安全和责任,因此他们倾向于避免损失。通过防御焦点自我调节的创业者在追求创业机会之前,会预估创意的可行性和制订一个详细的机会开发计划[16]。通过坚持和执行他们的计划，创业者最终实现他们想要的成功。因此，防御焦点也与因果推理逻辑正相关。

假设 3a：促进焦点与因果推理呈正相关。

假设 3b：防御焦点与因果推理呈正相关。

在分析效果推理原则之间的差异时，过去研究强调两种实施效果推理的方式：扩张现有资源和手段与增加对创业企业的约束[3, 23-24]。这两种方式体现了两种调节焦点。扩张已有资源和手段的尝试鼓励创业者对新的可能性持开放的态度[24]，他们试验尽可能多的策略，相比那些目前就可以获得最大回报的选项，他们更偏好那些可以在未来创造更多选择的选项[25]。通过这种方式，创业者意识到并不是所有的试验和选项都尽如人意，但是由于他们对新颖的、不确定的信息保持开放性，他们会放弃那些没有结果的试验[11]。而促进焦点个体倾向于"击中"而不是避免错误预警，他们对新鲜事物也保持开放[16, 19]，因此促进焦点与扩张资源和手段的做法更相关。相反，防御焦点的创业者倾向于履行责任和避免失败，在创业过程中，他们限定可能的损失，深化与利益相关者的相互承诺并对他们的创业企业进行约束[11]。因此，防御焦点与约束创业企业的做法更相关。

调节焦点与试验原则。当创业者采用试验原则时，他们依赖于现有的手段来产生潜在的机会[21, 24]。他们将这些手段用于一系列的试错以识别出新的用途和可行的竞争方式[21]。创业者知道不是每一次试验都会像希望的那样成功，他们会抛弃那些没有结果的试验[24]。促进焦点个体更可能采用这种原则，因为他们倾向于追求"击中"而不是避免"错误预警"[16, 26]。他们搜索和开发任何值得利用的机会，避免不改变现有行动而带来的损失。而防御焦点个体正相反，他们倾向于"正确拒绝"和避免"错误预警"，在开发机会前会做出精细而高质量的计划以降低风险，因此，他们很难对最初的商业机会做出改变[14]，为了避免失败，他们更少采取试验手段。

假设 4a-1：促进焦点与试验原则呈正相关。

假设 4a-2：防御焦点与试验原则呈负相关。

调节焦点与柔性原则。当创业者使用柔性原则时，他们拥抱意料之外的权变，将它看作是机会而不是威胁，因此他们尝试利用这些权变而不是回避它们[21, 27]。创业者往往处在相当不确定的环境下，这意味着新出现的机会通常不容易被理解[14, 28]。越是新兴的机会，它越偏离企业先前的行为模式，企业积累的知识对评估机会的用处就越小[11]。创业者想要将机会转化为商业模式就需要对公司资源及其应用方式进行大量调整以适应环境变化[11]。为了利用新兴的机会，创业者必须用革新的方式开发新的产品、服务或解决方案[11]。这种转化商业机会和偏离过去做法的意愿与促进焦点息息相关。当创业者注重识别有价值的机会而不是避免开发错误的机会时，他们更愿意将权变视作机会。而使用防御焦点创业者关注责任和安全，在创业过程中更谨慎，使得创业者通常无法抓住稍纵即逝的商业机会[14]。

假设 4b-1：促进焦点与柔性原则呈正相关。

假设 4b-2：防御焦点与柔性原则呈负相关。

调节焦点与事先承诺原则。当创业者采用事先承诺原则时，他们会向潜在的外部合作者展示他们的创意，寻求这些利益相关者的投资，并从一开始就试图获得这些利益相关者的承诺[21]。利益相关者的资源、手段和目标直接影响到公司的未来方向[24]。所以，并不是任何人都能影响企业的活动和目标，只有愿意做出承诺的利益相关者才被允许参与企业的运行[11]。如此，采用事先承诺原则的创业者宁愿让潜在的客户溜走，也不让保持中立的人推动决策过程[23]。换句话说，创业者在寻找利益相关者加入时，他们比较谨慎，通过提高准入门槛，避免与企业不匹配的投资者阻碍企业的发展。防御焦点者倾向于避免"错误预警"和正确拒绝以寻求击中[16,19]，因此他们更可能使用事先承诺原则。

当创业企业与外部合作者共同开发机会时，这些利益相关者就要共同承担成本和分享利益[21]。虽然这种方式减少了目标企业不得不承担的成本，但它也限制了企业可以获取的回报。而使用促进焦点的企业试图最大化潜在回报，因此，促进焦点会限制事先承诺原则的使用[11]。进一步而言，即使企业为了共同开发机会而答应合作，它们通常不会在一开始就承诺所有的资源，而是在某些转折点同意继续合作[11]。在这些时刻，合作者可以重新考虑他们的承诺并决定是否要继续投入资源。因此，合作引起的是渐进的投资决策而不是大胆的、涉及面广泛的行为[11]，后者恰恰是促进焦点的典型特征。最后，寻求外部合作者承诺的企业也不得不遵守与合伙人制定的共同目标、与其商定的流程以及协商好的行动方案[29-30]。因此，外部承诺可能导致一个公司产生惰性而降低创新性[31]。换句话说，创新与外部承诺之间存在根本上的冲突[32]。一个元分析研究表明，即使外部承诺是为了创新而设的，中小型企业依然很难利用这种优势[33]。

假设 4c-1：促进焦点与事先承诺原则呈负相关。

假设 4c-2：防御焦点与事先承诺原则呈正相关。

调节焦点与可承受损失原则。创业者投资创业机会的行为通常包含着潜在收益和潜在损失[34-35]。采用可承受损失原则的创业者会考虑在最糟糕的情况下他们愿意损失的最高投资额。在各种选项中，他们会选择一个即使遇到最糟糕的情况他们也能承受的选项[25]。为了避免出现可能威胁到创业企业生存的损失，创业者追求"最小"的目标，他们偏好保守的项目而不是那些可能导致巨大损失的项目，而且，他们喜欢循序渐进的投资而不是单一的长远承诺[36]。防御焦点创业者更可能采用可承受损失原则。因为他们受到结果有 / 无损失的驱动，所以他们在目标追求过程中会尽可能避免犯错。他们不会轻易偏离最初识别到的机会，除非让他们相信改变的风险是很小的[14]。

促进焦点创业者受到成就和结果有/无收益的驱动，如果他们想要实施变革和塑造环境，就必须进行大量的投资，而这些投资往往超出创业者在最糟糕情况下所愿意损失的[11]。另外，促进焦点创业者倾向于引进新产品和新流程，但引进新产品和新流程需要耗费大量资源，而且很多研发项目的结果都不尽如人意[11]。因此，关注可承受损失原则的创业者可能会放弃一些高风险的研发项目。由此推断，促进焦点与可承受损失原则呈负相关关系。

假设 4d-1：促进焦点与可承受损失原则呈负相关。

假设 4d-2：防御焦点与可承受损失原则呈正相关。

4.1.2　决策逻辑与创业绩效

在前面部分，本书探讨了因果推理以及效果推理各个原则之间的差异。对此，研究者或创业者或许会产生疑问：既然每个原则潜在的机制不一样，那么哪个原则更有效呢？接下来，本书将逐一探讨因果推理与效果推理各个原则对创业绩效的影响。

因果推理逻辑与创业绩效。过去大量研究关注战略计划在成熟企业中的重要性。近年来，研究者也开始关注因果推理作为一种创业决策逻辑在创业活动中的效应。例如，布雷特尔·马尔特等人检验了决策逻辑对公司研发绩效的影响，发现当使用因果推理决策逻辑时，创新程度较低的创业项目得到了改善[12]。克里斯汀松·卡里、玛丽娜·坎迪和伦瓦尔杜尔·塞蒙松在探讨创业团队多样性对创意产生和创新的影响时，将因果推理作为一个调节变量[37]。

因果推理使用者始于一个既定的目标，然后选择一条最佳途径来实现它。所以，因果推理逻辑使用者是根据一个周详的计划来实现既定目标的[25]。一些研究探讨了商业计划与创业绩效的关系，迈耶－豪格·卡特琳等人[38]对中小企业情境下两者的关系进行元分析，结果表明，计划活动和创业计划技能与企业的成长、规模和销售正相关。而且，布林克曼·扬、迪特马尔·格里奇尼克和戴安娜·卡普萨的元分析也表明书面的商业计划与作为过程的计划行为对创业绩效都有正向效应，不过这些关系的强度受到公司年龄和文化环境等情境因素的影响[39]。总体来看，计划与创业绩效的关系是积极的。

商业计划之所以正向影响创业绩效，可能存在以下几个原因：首先，由于创业行动受到既定目标的指导，因此，目标的实现需要依赖于事先的计划和详尽的分析[8]。德尔玛·弗雷德里克和斯科特·谢恩将计划看作是创业行动的一个重要先行因素，它帮助创业者做出决策并一步一步地实现目标[40]。其次，书面商业计划可能有助于提高企业合法性，创业者可以利用它来向投资者传递他们商业创意的可行性[8]。合法性对创业企业而言尤为重要，它可以通过促进创业资源获取来提高创业企业早期阶段的存活率[41-42]。最后，创业者对书面商业计划投入的时间和精力，体现了他们对创业企业的承诺，通过仔细考虑企业的方方面面、描绘企业结构以及收集关于竞争者、行业动态和市场的信息，进而提高自身学习能力[8]。

假设 5：使用因果推理逻辑与创业绩效正相关。

如第 2 章所述，一些研究已经探讨了效果推理与绩效的关系。例如，瑞德·斯图尔特、宋旭东和威廉·史密斯[43]对 48 篇相关研究进行元分析，这些研究关注效果推理原则与新创企业绩效的关系，为效果推理（手段导向、权变利用、伙伴关系）与绩效的积极关系提供了最初证据。之后，研究者将效果推理与绩效之间的关系应用在不同的情境中。例如，布雷特尔·马尔特等人表明，效果推理与高新研发项目的结果积极相关[12]。沙利文·莫特·吉莉安、杰伊·韦拉瓦德纳和彼得·利施发现采用效果推理的创业营销方式可以导致更好的绩效[44]。最后，蔡莉等人在中国转型经济的背景下也支持了效果推理对创业绩效的积极效应[45]。

一些研究者还发现了效果推理的调节作用，例如，姆桑蒂·桑蒂·西博内洛和鲍里斯·厄本对高新技术企业进行调查研究，发现效果推理正向调节创业导向与绩效的关系[46]。同样，德利吉安尼·约安娜、伊里尼·沃杜里斯和斯皮罗斯·柳卡斯表明试验、柔性和事先承诺正向调节产品多样性与新创企业绩效的关系[7]。已有研究表明在不同的情境下，企业都可以受益于效果推理模式，但近年来，一些研究者指出，效果推理各个原则的内涵并不一致，它们反映了不同的认知过程和行为。基于此，本章将讨论效果推理的各个原则与创业绩效的关系，以揭示内在机制。

试验原则与创业绩效。采用试验原则的创业者会从现有的资源着手，包括个人特征和特质、背景知识、网络和社会关系[25]，将这些资源用于试验，不断调整他们最初的商业创意。具体而言，创业者首先基于已有的手段来设想他们能达到的目标，然后对这些手段进行试验，看哪个目标最合适[25]。因此，手段驱动的创业者是天生的试验者。由于他们开始的时候就会考虑各种可用的资源，并采用低成本的方式进行创造性的试验，因此他们会很自然地调整商业过程以适应不断变化的顾客需求[8]。所以采用试验原则的创业企业绩效可能会更好。

假设 6a：使用试验原则与创业绩效呈正相关。

柔性原则与创业绩效。采用柔性原则的创业者会充分利用环境中出现的权变以保持灵活性。这些权变可能是意想不到的事件、偶然的会面或新信息的披露，这些意外被看作是机会[8]。使用柔性原则的创业者通常可以化腐朽为神奇，将一开始看似不利的、不可预见的情况转化为可以产生有利结果的机会[3]。斯莫尔卡·卡特琳等人发现拥抱环境权变的创业者会有更好的创业绩效[8]。这种适应性行为对创业者而言十分有利，尤其是当其他公司由于执着于他们的商业计划而变得刻板并无法从意外事件中获益时[47-48]，使用柔性原则的创业者将脱颖而出。

假设 6b：使用柔性原则与创业绩效呈正相关。

事先承诺与创业绩效。与创业者合作的利益相关者包括个体（例如，客户、供应商、技术爱好者）或组织（即融资机构、大学）[3]。为了充分利用他们所拥有的资源，创业者试图创造双赢的局面，即投资者基于内部动机自愿承诺投入他们的资源，共同创建一个成功的企业[3, 25]。通过与合伙人共同塑造未来，风险被分担了，创业者感知到的不确定也因此减少了[49]。使用事先承诺原则的创业者基于这样一个假设：即使每个人都无法确定其他人将来的信用度，但通过做出小的、可信的行动承诺可以使关系中的每一方都在不确定环境中获益[8]。创业者通过联合利益相关者共同行动以塑造企业未来的行为，将推动创业企业产生更好的绩效。

假设 6c：使用事先承诺原则与创业绩效呈正相关。

可承受损失与创业绩效。在创业环境下，由于存在太多未知因素，预测经济收益变得具有挑战性。而且，企业如果追求高回报，前期资源的投入就要高，这样企业就很难轻装上阵，从而加大了早期失败的成本[8]。因果导向的创业者经常使用诸如预测净现值的方法来决定创业的可行性，但效果导向的创业者的做法相反，他们关注可承受的损失，即在创业过程中他们愿意或能够损失多少现有资源，以此限制下行风险[3, 25]。除了金钱，创业者考虑的其他资源可能还包括时间、个人关系、名声，甚至健康。采用可承受损失原则的创业者也会去寻找可以帮助他们以低成本的方式接触客户的伙伴关系，同时又不断调整他们的行动以保持开放性[3]。因此，践行可承受损失原则可能促进创业绩效[27]，特别是当创业者对损失设置上限时，成本得到了限制，效率获得了提高[8]。

假设 6d：使用可承受损失原则与创业绩效呈正相关。

综上所述，本章提出中介效应：

假设 7a：促进焦点正向影响因果推理逻辑的使用，进而正向影响创业绩效。

假设 7b：促进焦点正向影响试验原则的使用，进而正向影响创业绩效。

假设 7c：促进焦点正向影响柔性原则的使用，进而正向影响创业绩效。

假设 7d：促进焦点负向影响事先承诺原则的使用，进而负向影响创业绩效。

假设 7e：促进焦点负向影响可承受损失原则的使用，进而负向影响创业绩效。

假设 8a：防御焦点正向影响因果推理逻辑的使用，进而正向影响创业绩效。

假设 8b：防御焦点负向影响试验原则的使用，进而负向影响创业绩效。

假设 8c：防御焦点负向影响柔性原则的使用，进而负向影响创业绩效。

假设 8d：防御焦点正向影响事先承诺原则的使用，进而正向影响创业绩效。

假设 8e：防御焦点正向影响可承受损失原则的使用，进而正向影响创业绩效。

4.1.3　效果推理与因果推理的协同效应

虽然一些研究者认为效果推理和因果推理是一个二分变量的两端[12]，但另一些研究者强调它们不应该被看作是一个连续体的两边[50]，它们实际上是正交关系。正如萨拉瓦蒂所阐述的，两种决策逻辑都是人类推理不可或缺的部分，它们可以同时发生，在不同的决策情境中会重叠和交织在一起[25]。这说明效果推理和因果推理不应该被看作是相反的两极。而且，萨拉瓦蒂指出，在创建公司时效果推理过程不一定就比因果推理过程更好或更有效率。尽管效果推理和因果推理都不被认为是一种优于对方的创业过程，但是两者的结合方式直接影响到绩效结果。效果推理和因果推理可以是两种互补的逻辑，通过它们，创业者能够处理企业整个生命周期中遇到的不同权变因素[8]。因此，效果推理对创业绩效的贡献可能依赖于因果推理达到某个阈值，反之亦然。而且，由于不确定程度不同，在某个具体背景下，效果推理（高不确定环境下）或因果推理（低不确定环境下）会更受偏爱。创业过程通常涉及大量决策，每个决策包含的情境不确定水平又不同。研究者提出因果推理更适合用于可以预测结果的决策中，而效果推理更适合用于不可预测的情境中[8]。因此，结合使用这两种决策逻辑有助于提高创业绩效。

近年来，创业者结合使用效果推理和因果推理的行为受到了大量研究的关注[2, 51-54]。研究者的一个出发点是，任何新创企业在具体运行时需要的决策方式是不同的。特别是，创业团队成员具有多样化的背景，他们对因果或效果决策方式的偏好不同[53]。这种多样性可能促进相互学习、提高创造力和产生更多创新产品。时间也是考虑共同使用因果推理和效果推理的一个重要因素[2]，结合使用两者有利于创业绩效。当创业者根据决策的不确定水平而从一种决策逻辑转向另一种时，创业企业的绩效也会更好[8]。

首先，创业者通过使用因果推理逻辑提出行动计划，同时也可以通过使用效果推理逻辑在计划范围内搜索更多的选择[2]，这使得创业者可以同时享受两种逻辑带来的好处。特别是，基于长期目标设计的商业战略有可能与短期的试验（例如改变产品特征）相结合[55]以促进创业进程。虽然创业者利用现有的手段来塑造新创企业，但确定未来目标也有助于明确企业成长的方向[56]。这样，创业者就可以同时从计划和试验两种方式中获益，以提高创业绩效。

其次，效果推理思维提倡的柔性原则可以与因果推理中的成本—收益分析相结合。创业者可以充分利用由于意外事件而出现的机会，同时关注长期目标[8]。新的信息预示新的机会，创业者可以偏离计划，但计划也为他们提供了一个基础框架[8]。而且，计划行动不一定要转化为正式文件，也可以促进目标设定对新企业创建和创业结果的积极效应[57]。因此，创业绩效将受益于柔性和僵化性在不同情境中的互相促进。

再次，因果推理与联盟利益相关者原则结合起来也可能产生协同效应。效果推理创业者与做出承诺的利益相关者共同塑造创业企业的未来，但因果推理的计划机制可以使创业者在这个过程中更聚焦[8]。与利益相关者达成协议可以降低新创企业未来的不确定性，同时联盟成员又可以共享资源和网络[8]。由此，资源和选择的拓宽促进了创业绩效。

最后，这个结合方式同样适合于财务决策。当创业者对收益做出预测以支持成长决策时，当前的资源也许只够用于承诺创业者是否有能力使用它们或是否能够承受损失它们[8]。通过考虑获得收益的各种可能性，同时防止下限损失，创业者可以做出更明智和更客观的决策，进而积极影响创业绩效[8]。

总而言之，同时使用效果推理和因果推理可以产生协同效应，特别是可以促进创业绩效。因此，同时使用两者可能比单独使用效果推理或因果推理会更有效，它有助于创业者调整他们的决策以适应环境不确定，并处理更多的环境权变。因此，我们假设：

假设 9a：创业者共同使用试验原则与因果推理对创业绩效具有积极的

交互效应。

假设 9b：创业者共同使用柔性原则与因果推理对创业绩效具有积极的交互效应。

假设 9c：创业者共同使用事先承诺原则与因果推理对创业绩效具有积极的交互效应。

假设 9d：创业者共同使用可承受损失原则与因果推理对创业绩效具有积极的交互效应。

4.1.4 环境不确定性的调节作用

环境不确定性是环境特征的一个关键维度[58]。许多研究都强调了不确定性对组织行为的影响[59]。在稳定的环境下，顾客偏好、技术和竞争性几乎很少变化，而高度动态的行业发生着迅速的变化，具有高不稳定性和决策不确定性[60]。由于高度不确定性，企业需要更加快速地应对不可预见的变化来求得生存，如此，创业者的决策过程会复杂得多[58,61]。研究表明，在高速运转的环境中，管理者会使用更多而不是更少的信息，并提出更多的选择[62]。

根据奈特的定义，在风险环境下，变化的性质和速度都是可预测的[63]。阿尔瓦雷斯·莎伦和杰·巴尼认为，在稳定的条件下，创业者应采取相对完整和不变的企业战略[64]。因此，在稳定的环境下，当创业者提出详细而具体的商业计划并将之执行时，他们最有可能获得成功[14]。

偏离创业者最初识别的创业机会只可能在发生错误的情况下出现，例如，创业者错误计算获得理想结果的概率[14]。因此，因果推理逻辑在稳定的环境下比较适合。但在动态环境下，以计划为特征的因果推理逻辑可能不够灵活。一方面，正式的商业计划要求大量可预测和准确的数据，而这些数据在不确定环境下是很难获得的[65]。另一方面，详尽的商业计划太过耗时导致环境权变不能被及时利用，因为机会稍纵即逝[65]。马克·格鲁伯也强调在动态环境下商业计划的消极作用[66]。同时，实证研究表明，在不确定环境中只顾坚持最初计划会损害绩效[14,60]。

假设 10：环境不确定性调节因果推理与创业绩效的关系：环境不确定性越高，因果推理与创业绩效的积极关系越弱。

在不确定和高度动态的环境下，创业者无法预测成功开发某种机会的概率[63]。阿尔瓦雷斯·莎伦和杰·巴尼认为，在不确定的条件下，创业者应采取即时和变化的战略[64]。因此，在动态的环境下，当创业者调整他们的商业机会以适应快速的环境变化时，他们最有可能获得成功[14]。效果推理理论直接关注那些不可能被个体预测的情境[67]。在这种情况下，市场行为者很难描述他们也不熟悉的未知变革。既然未来无法被预测，效果推理理论提出个体可以主动塑造未来以避开不确定困境[67]。首先，效果推理使用者利用手中的资源进行多次试验，以不断调整他们最初的商业创意来适应环境变化。其次，效果推理是一个寻求反馈和整合反馈的适应过程，这种适应性使得创业者对环境中出现的意外事件保持开放以推动创业进程[68]。再次，效果推理使用者寻求从潜在伙伴、供应商、客户和其他利益联盟者那里获得承诺，通过将承诺转化为实际行动，不仅降低了不确定性，而且为企业指明了具体的目标和方向[68]。最后，效果推理使用者关注当前情境以及投资者和创建者可以控制的资源，他们认为投资不应该大于每个人可以承受的损失[68]。这意味着投资是循序渐进的，这样创业者就可以不断调整他们的行动以保持对动态环境的开放性。

假设11a：环境不确定性调节试验与创业绩效的关系：环境不确定性越高，试验与创业绩效的积极关系越强。

假设11b：环境不确定性调节柔性与创业绩效的关系：环境不确定性越高，柔性与创业绩效的积极关系越强。

假设11c：环境不确定性调节事先承诺与创业绩效的关系：环境不确定性越高，事先承诺与创业绩效的积极关系越强。

假设11d：环境不确定性调节可承受损失与创业绩效的关系：环境不确定性越高，可承受损失与创业绩效的积极关系越强。

不过，近年来研究者提出因果推理和效果推理可以互补。如上述所言，在动态环境下，使用效果推理逻辑的创业者表现得更好，而使用因果推理逻辑的创业者在这种环境下表现出适应不良，这种决策模式更适合稳定的环境。但一些研究者指出，在动态、非线性的环境下，采取效果推理逻辑有可能降低因果推理逻辑在这种环境中的刻板性[68]。结合使用因果逻辑和效果逻辑可以使公司在制订计划的同时保持灵活性。因此，在动态环境下，创业公司需要在因果逻辑和效果逻辑之间灵活转变以应对环境不可预测的变化。一些研究者基于案例研究表明，单独使用与结合使用因果推理和效果推理决策逻辑的有效性取决于环境不确定性[69-70]。

假设 12a：环境不确定性调节因果推理和试验对创业绩效的交互效应。环境不确定性越高，同时使用因果推理和试验的积极效应就越强。

假设 12b：环境不确定性调节因果推理和柔性对创业绩效的交互效应。环境不确定性越高，同时使用因果推理和柔性的积极效应就越强。

假设 12c：环境不确定性调节因果推理和事先承诺对创业绩效的交互效应。环境不确定性越高，同时使用因果推理和事先承诺的积极效应就越强。

假设 12d：环境不确定性调节因果推理和可承受损失对创业绩效的交互效应。环境不确定性越高，同时使用因果推理和可承受损失的积极效应就越强。

图 4-1 显示了本研究的理论模型。促进焦点和防御焦点影响因果推理和效果推理各个原则的使用，继而影响创业绩效。同时，因果推理和效果推理原则对创业绩效产生协同效应，而且它们与创业绩效之间的关系受到环境不确定性的调节作用。

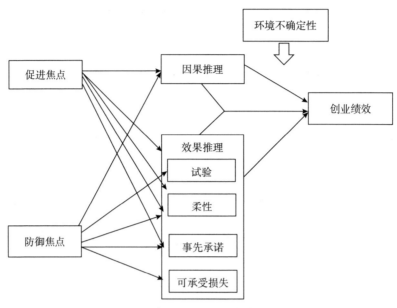

图 4-1　调节焦点对创业机会实现的影响

4.2　研究方法

4.2.1　样本

本书以在 2006—2016 年期间成立的创业企业为研究对象，收集问卷的时间跨度在 2018 年 3—8 月，发放两个问卷样本。一方面，我们在厦门湖里区实地走访 132 家创业企业，请创始人填写相关问卷。问卷测量创业者的调节焦点、决策逻辑、环境动态性和创业绩效，问卷的最后部分是创始人和创业企业的基本信息。其中有 7 家企业的创业者未完整填写问卷，有 11 家企业成立于 2006 年之前，因此，这 18 个数据被删除，有效数据 114 份，有效率为 86.36%。另一方面，我们使用微信在线上对创业者进行一对一的问卷发放，共收集 107 份问卷。其中，有 5 家企业成立于 2018 年，有 24 家企业成立于 2006 年之前，有 3 家企业的数据不是由创始人填写的，因此，这 32 个数据被删除，有效数据 75 份，有效率为 70.09%。合并两个样本之后，共收集了 189 份数据。另外，本书还测量了企业的客观绩效数据，即企业 2017 年相比 2016 年的销售收入增长率。其中有 12 家企业成立于 2017 年，有 7 家企业未提供客观的绩效数据，因此，获得完整数据的问卷有 170 份。男性占 80.6%，受试者的平均年龄为 40.81（SD=7.17）。创业企业的平均年龄为 6.35（SD=3.10）。2006—2011 年成立的创业企业占 44.7%，2012—2016 年成立的创业企业占 55.3%。企业规模在 1～100 人之间的创业企业占 91.2%，规模在 100 人以上的创业企业占 8.8%。其中在零售行业工作的人占 18.2%，在制造业工作的人占 31.8%，在批发行业工作的人占 14.1%，在建筑业工作的人占 9.4%，在金融行业工作的人占 14.1%，在电子信息与软件行业工作的人占 5.3%，其他行业的占 7.1%。如表 4-1 所示。

表 4-1　各个行业的占比　　　　　　　　　单位：%

行业	占比
零售业	18.2
制造业	31.8
批发业	14.1
建筑业	9.4
金融业	14.1
电子信息与软件行业	5.3
其他	7.1

4.2.2　测量

调节焦点：采用洛克伍德·佩内洛普、克里斯蒂安·乔丹和齐瓦·昆达[71]开发的一般调节焦点问卷，测量参与者通过促进焦点和预防焦点调节自身行为的倾向。该问卷包含 18 个题目，与促进型 / 预防型目标相关的题目各 9 个，例如，"我经常思考如何实现自己的愿望和抱负"（促进焦点），"我经常思考如何能避免失败"（防御焦点）。用 7 点里克特等级评价。

决策逻辑：采用钱德勒·盖伦等[21]开发的因果推理和效果推理问卷，用 7 点里克特评价量表，"1"代表"非常不同意"，"7"代表"非常同意"。其中因果推理问卷共 5 道题，效果推理问卷共 13 道题。

环境不确定性：采用哈姆斯·莱纳和霍尔格·席勒[65]的 2 道题量表

测量环境不确定性，"1"代表"非常不同意"，"7"代表"非常同意"。分数越低，代表环境不确定性越高；分数越高，代表环境越稳定。

创业绩效：成长通常被认为是新创企业成功最重要的绩效指标[14]。我们采用"2017 年相比 2016 年的销售收入增长率"作为客观成长指标。

控制变量：本书将公司年龄和员工总人数（公司规模）作为控制变量，以排除这些变量对增长率的影响。此外，当研究个体特质时控制变量通常包括性别、年龄、教育程度和创业经验。

4.3　结果

4.3.1　信度与效度分析

首先，本书对主要研究变量进行信度和效度检验。促进焦点量表的 Cronbach $\alpha = 0.84$，防御焦点量表的 Cronbach $\alpha = 0.83$。效果推理逻辑量表包括试验（4 道题）、柔性（4 道题）、事先承诺（2 道题）和可承受损失（3 道题）这 4 个子维度。通过信度检验，我们发现"试验"子维度中的第 2 道题反向计分之后与项目总数相关为负且很低（$r = -0.18$），而第 3 道题与项目总数相关很低（$r = 0.10$），因此，删除这两道题。删除两道题之后，试验子量表的 Cronbach $\alpha = 0.63$，柔性子量表的 Cronbach $\alpha = 0.84$，事先承诺子量表的 Cronbach $\alpha = 0.64$，可承受损失子量表的 Cronbach $\alpha = 0.73$，因果推理逻辑量表的 Cronbach $\alpha = 0.88$，环境不确定性量表的 Cronbach α

= 0.78。

接着，我们运用 LISREL8.8 软件对防御焦点、促进焦点、试验、柔性、事先承诺、可承受损失、因果推理逻辑和环境动态性这些变量进行验证性因子分析，结果表现出较好的结构效度，χ^2/df（977.08/566）= 1.73；CFI = 0.95；IFI = 0.95；NNFI=0.95；RMSEA = 0.07。表 4-2 显示了各题项在相应变量上的因子载荷，以及平均提取方差（AVE）和组合信度（CR）。这些结果为变量间的区分效度提供了证据。

为了检验共同方法偏差，本书将所有题项载荷到同一个因素上，结果表现出较差的结构效度：χ^2/df（2511.46/594）= 4.23；CFI = 0.78；IFI = 0.78；NNFI=0.77；RMSEA = 0.14。

表 4-2　验证性因子分析结果

题项	因子载荷	
	促进焦点	防御焦点
1. 我常关注生活中的负面事件。		0.64
2. 我担心不能完成我的责任和义务。		0.69
3. 我经常思考如何实现自己的愿望和抱负。	0.67	
4. 我经常会想将来我可能是怎样的人。		0.65
5. 我经常会想我希望将来成为怎样的人。	0.55	
6. 我常关注我希望在未来取得的成功。	0.69	
7. 我经常担心不能实现我的商业目标。		0.72
8. 我经常思考如何获取商业上的成功。	0.60	
9. 我经常想象自己在经历糟糕的事情，我害怕这些事情会发生在我身上。		0.72
10. 我经常思考如何能避免失败。		0.31

题项	因子载荷	
	促进焦点	防御焦点
11. 我更倾向避免损失而不是获得收益。		0.68
12. 我当前的主要目标是实现商业抱负。	0.36	
13. 我当前的主要目标是避免商业失败。		0.59
14. 我认为自己是一个努力达到"理想自我"的人——实现我的愿望、希望和抱负。	0.68	
15. 我认为自己是一个努力成为"应该自我"的人——履行我的职责、责任和义务。		0.28
16. 我常关注生活中的积极结果。	0.75	
17. 我经常想象自己在经历美好的事情，我希望这些事情发生在我身上。	0.64	
18. 总体而言，我更倾向获得成功而不是避免失败。	0.64	
AVE	0.41	0.37
CR	0.85	0.83
	试验	
1. 我们对不同的产品和商业模式进行试验。	0.72	
2. 我们尝试很多不同的途径，直到找到一种可行的商业模式。	0.62	
AVE	0.45	
CR	0.62	
	可承受损失	
3. 我们注意不让投入的资源超过我们能够接受的损失。	0.63	
4. 对于最初的点子，我们注意不让冒险的资金超过我们愿意损失的。	0.88	
5. 我们注意不拿太多的钱去冒险，以致在进展不顺利时公司陷入真正的财务困难。	0.57	
AVE	0.50	
CR	0.74	
	柔性	
6. 当机会出现时，我们允许发展该业务。	0.78	

续表

题项	因子载荷	
	促进焦点	防御焦点
7. 我们根据所拥有的资源调整行动。	0.81	
8. 我们是灵活的，当机会出现，我们就会利用它。	0.80	
9. 我们避免会限制我们灵活性和适应性的行动。	0.63	
AVE	0.58	
CR	0.84	
	事先承诺	
10. 我们与客户、供应商以及其他组织和个人制定大量协议，以减少不确定性。	0.59	
11. 我们经常利用从客户和供应商那里获得的事先承诺。	0.80	
AVE	0.49	
CR	0.66	
	因果推理	
12. 我们制定了一种可以最大限度地利用资源和能力的战略。	0.77	
13. 我们设计和规划业务战略。	0.86	
14. 我们研究和选择目标市场，并做出有意义的竞争分析。	0.79	
15. 我们对未来有一个清晰和一贯的愿景。	0.71	
16. 我们规划生产和营销活动。	0.75	
AVE	0.60	
CR	0.88	
	环境不确定性	
17. 我们的产品需求会有浮动，但变动不大。	0.88	
18. 我们很了解客户需求，而且很容易预测需求的变化。	0.73	
AVE	0.57	
CR	0.72	

4.3.2　假设检验

表 4-3 显示了研究变量的平均值、标准差和相关系数。如表 4-3 所示，促进焦点与因果推理逻辑（$r = 0.58$，$p < 0.001$）、试验（$r = 0.50$，$p < 0.001$）、柔性（$r = 0.63$，$p < 0.001$）、事先承诺（$r = 0.43$，$p < 0.001$）和可承受损失（$r = 0.45$，$p < 0.001$）呈显著正相关。防御焦点与因果推理逻辑（$r = 0.22$，$p < 0.01$）、事先承诺（$r = 0.38$，$p < 0.001$）和可承受损失（$r = 0.36$，$p < 0.001$）呈显著正相关，而与柔性（$r = 0.15$，$p < 0.05$）正相关，与试验（$r = 0.12$，ns）相关不显著。促进焦点（$r = 0.15$，$p < 0.05$）与创业绩效呈显著正相关，防御焦点（$r = -0.15$，ns）与创业绩效的负相关不显著。因果推理逻辑（$r = 0.29$，$p < 0.001$）和试验（$r = 0.30$，$p < 0.001$）与创业绩效呈显著正相关，但柔性（$r = 0.14$，ns）、事先承诺（$r = 0.02$，ns）和可承受损失（$r = 0.00$，ns）与创业绩效相关不显著。

为了检验调节焦点对决策逻辑的影响，本书运用 SPSS22.0 进行了分层回归分析。首先，我们对主要变量（防御焦点、促进焦点、因果推理、试验、柔性、事先承诺、可承受损失和环境不确定性）和连续型的控制变量（年龄、创业经验、公司年龄、公司规模）进行中心化，将分类变量（性别、教育程度）转化为虚拟变量，并计算决策逻辑各变量与环境不确定性之间的交互项。如表 4-4 所示，促进焦点与因果推理逻辑呈正相关（$\beta = 0.53$，$p < 0.001$，模型 2），支持假设 3a；防御焦点与因果推理逻辑呈正相关（$\beta = 0.15$，$p < 0.05$，模型 2），支持假设 3b。促进焦点与试验呈正

相关（$\beta = 0.47$，$p < 0.001$，模型 4），支持假设 4a-1；防御焦点与试验相关不显著（$\beta = 0.07$，ns，模型 4），不支持假设 4a-2。促进焦点与柔性呈正相关（$\beta = 0.61$，$p < 0.001$，模型 6），支持假设 4b-1；防御焦点与柔性相关不显著（$\beta = 0.07$，ns，模型 6），不支持假设 4b-2。促进焦点与事先承诺呈显著正相关（$\beta = 0.38$，$p < 0.001$，模型 8），不支持假设 4c-1；防御焦点与事先承诺呈显著正相关（$\beta = 0.29$，$p < 0.001$，模型 8），支持假设 4c-2。促进焦点与可承受损失呈显著正相关（$\beta = 0.40$，$p < 0.001$，模型 10），不支持假设 4d-1；防御焦点与事先承诺呈显著正相关（$\beta = 0.33$，$p < 0.001$，模型 10），支持假设 4d-2。

表 4-5 显示了决策逻辑对调节焦点和创业绩效的中介效应。通过 Sobel 检验，结果表明，因果推理逻辑（$\beta = 0.15$，$p < 0.05$）和试验（$\beta = 0.10$，$p < 0.05$）在促进焦点和创业绩效之间起到中介作用，支持假设 7a 和 7b。但柔性、事先承诺和可承受损失对促进焦点和创业绩效之间关系的中介作用不显著，不支持假设 7c、7d 和 7e。因果推理逻辑和效果推理各原则对防御焦点和创业绩效之间关系的中介作用也不显著，不支持假设 8a ～ 8e。

如表 4-6 所示，因果推理逻辑与创业绩效呈显著正相关（$\beta = 0.27$，$p < 0.05$，模型 12），支持假设 5。试验与创业绩效呈显著正相关（$\beta = 0.22$，$p < 0.05$，模型 12），支持假设 6a；但结果显示，柔性与创业绩效相关不显著（$\beta = -0.03$，ns，模型 12），不支持假设 6b；事先承诺与创业绩效相关不显著（$\beta = -0.14$，ns，模型 12），不支持假设 6c；可承受损失与创业绩

效相关不显著（$\beta = -0.06$，ns，模型 12），不支持假设 6d。

假设 9a～9d 提出因果推理和效果推理对创业绩效的协同效应。如表 4-6 所示，因果推理与试验的交互项正向预测创业绩效（$\beta = 0.26$，$p < 0.05$，模型 13），支持假设 9a。但柔性（$\beta = 0.15$，ns，模型 15）、事先承诺（$\beta = 0.08$，ns，模型 17）和可承受损失（$\beta = -0.08$，ns，模型 19）与因果推理的交互项对创业绩效的预测不显著，不支持假设 9b、9c 和 9d。

假设 10、11a～11d 和 12a～12d 提出环境不确定性的调节作用。如表 4-6 所示，环境不确定性对因果推理和创业绩效之间的调节效应不显著，不支持假设 10。而环境不确定性负向调节试验（$\beta = -0.37$，$p < 0.01$，模型 13）、柔性（$\beta = -0.27$，$p < 0.05$，模型 15）和创业绩效之间的关系，支持假设 11a 和 11b；但对事先承诺（$\beta = -0.01$，ns，模型 17）、可承受损失（$\beta = -0.16$，ns，模型 19）与创业绩效之间的调节效应不显著，不支持假设 11c 和 11d。此外，研究结果表明，环境不确定性负向调节因果推理和柔性对创业绩效的交互效应（$\beta = -0.39$，$p < 0.01$，模型 16），并且负向调节因果推理和可承受损失对创业绩效的交互效应（$\beta = -0.28$，$p < 0.05$，模型 20），支持假设 12b 和 12d。但环境不确定性与因果推理和试验（$\beta = -0.21$，ns，模型 14）、因果推理和事先承诺（$\beta = -0.07$，ns，模型 18）对创业绩效的三重交互效应不显著。因此，不支持假设 12a 和 12c。

表4-3 研究变量的平均值、标准差和相关系数（N=170）

变量	M	SD	1	2	3	4	5	6	7	8	9	10	11	12	13	14	15
1. 性别	0.19	0.40	—														
2. 年龄	40.81	7.17	-0.12	—													
3. 教育程度	1.34	1.08	0.10	-0.08	—												
4. 创业经验	1.67	1.28	0.05	0.15*	0.23**	—											
5. 公司年龄	6.35	3.10	0.06	0.41***	0.02	0.19**	—										
6. 公司规模	48.15	124.18	-0.06	-0.01	0.19*	-0.07	0.07	—									
7. 促进焦点	5.78	0.77	-0.03	0.10	0.14	0.08	0.04	0.08	—								
8. 防御焦点	4.76	1.04	-0.20*	-0.10	-0.23***	-0.25***	-0.03	-0.06	0.19*	—							
9. 因果推理	5.79	0.93	-0.07	0.15*	0.07	0.06	0.02	0.12	0.58***	0.22**	—						
10. 试验	5.33	0.96	-0.12	0.09	0.09	0.21**	0.02	0.08	0.50***	0.12	0.62***	—					
11. 柔性	5.85	0.85	0.04	-0.02	0.09	0.12	0.04	0.07	0.63***	0.15*	0.51***	0.52***	—				
12. 事先承诺	5.43	1.11	-0.06	0.03	-0.07	-0.09	0.00	0.02	0.43***	0.38***	0.59***	0.41***	0.41***	—			
13. 可承受损失	5.45	1.08	0.07	-0.09	-0.02	0.08	-0.01	0.02	0.45***	0.36***	0.37***	0.30***	0.51***	0.35***	—		
14. 环境不确定性	5.26	1.17	-0.01	-0.04	0.01	0.04	0.05	0.14	0.34***	0.25**	0.59***	0.44***	0.35***	0.46***	0.34***	—	
15. 创业绩效	22.98	56.25	-0.03	0.00	0.25***	0.07	-0.09	0.27***	0.15*	-0.15	0.29***	0.30***	0.14	0.02	0.00	0.23**	—

注：* 表示 $p < 0.05$，** 表示 $p < 0.01$，*** 表示 $p < 0.001$。

表 4-4　调节焦点影响决策逻辑的分层回归分析结果（N=170）

	因变量									
	因果推理		试验		柔性		事先承诺		可承受损失	
	模型 1	模型 2	模型 3	模型 4	模型 5	模型 6	模型 7	模型 8	模型 9	模型 10
控制变量										
性别	-0.05	0.00	-0.12	-0.10	0.02	0.06	-0.05	0.02	0.06	0.14*
年龄	0.18*	0.14	0.06	0.02	-0.03	-0.09	0.02	0.02	-0.10	-0.10
教育程度	0.06	0.02	0.04	-0.01	0.09	0.03	-0.04	-0.05	-0.06	-0.06
创业经验	0.04	0.05	0.21**	0.21**	0.11	0.09	-0.08	-0.03	0.11	0.16*
公司年龄	-0.07	-0.07	-0.05	-0.05	0.02	0.03	0.01	-0.01	0.01	-0.01
公司规模	0.11	0.10	0.08	0.06	0.06	0.03	0.02	0.02	0.04	0.05
自变量										
促进焦点		0.53***		0.47***		0.61***		0.38***		0.40***
防御焦点		0.15*		0.07		0.07		0.29***		0.33***
R^2	0.05	0.37	0.07	0.30	0.03	0.42	0.01	0.28	0.02	0.33
调整 R^2	0.02	0.34	0.04	0.27	-0.004	0.39	-0.02	0.24	-0.01	0.30
ΔR^2	0.05	0.32***	0.07	0.23***	0.03	0.38***	0.01	0.26***	0.02	0.31***
F	1.42	12.02	2.17	8.80	0.90	14.35	0.38	7.68	0.64	9.94

注：* 表示 $p < 0.05$，** 表示 $p < 0.01$，*** 表示 $p < 0.001$。

表 4-5　决策逻辑对调节焦点和创业绩效的中介效应

	效应	SE	Z	p
促进焦点				
因果推理	0.15	4.35	2.40	0.02
试验	0.10	3.49	2.13	0.03
柔性	-0.02	4.49	-0.27	0.79
事先承诺	-0.05	2.68	-1.41	0.16
可承受损失	-0.02	2.63	-0.61	0.54

续表

	效应	SE	Z	p
防御焦点				
因果推理	0.04	1.41	1.57	0.12
试验	0.01	1.01	0.78	0.44
柔性	−0.002	0.55	−0.20	0.84
事先承诺	−0.04	1.60	−1.35	0.18
可承受损失	−0.02	1.64	−0.60	0.55

表 4-6　各变量对创业绩效的影响回归分析结果

	因变量									
	创业绩效									
	模型 11	模型 12	模型 13	模型 14	模型 15	模型 16	模型 17	模型 18	模型 19	模型 20
控制变量										
性别	−0.04	−0.01	−0.03	−0.02	−0.03	0.01	−0.02	−0.02	0.00	0.02
年龄	0.04	−0.01	0.01	0.02	0.01	0.01	0.01	0.02	−0.02	−0.04
教育程度	0.16*	0.15	0.16*	0.17*	0.15	0.15	0.17*	0.17*	0.12	0.11
创业经验	0.03	−0.03	−0.00	0.01	−0.02	0.01	−0.03	−0.03	−0.00	0.02
公司年龄	−0.14	−0.11	−0.10	−0.12	−0.11	−0.12	−0.13	−0.13	−0.12	−0.12
公司规模	0.24**	0.20**	0.22**	0.22**	0.20**	0.21**	0.19*	0.19*	0.20*	0.20**
自变量										
促进焦点	0.14	−0.02	−0.00	−0.03	−0.01	−0.04	−0.02	−0.02	−0.03	−0.02
防御焦点	−0.13	−0.12	−0.08	−0.07	−0.13	−0.11	−0.12	−0.12	−0.11	−0.08
决策逻辑										
因果推理		0.27*	0.26*	0.28*	0.24*	0.24	0.24*	0.25*	0.27*	0.25*
试验		0.22*	0.18	0.25*	0.17	0.16	0.21*	0.21*	0.17	0.16
柔性		−0.03	−0.07	−0.05	−0.05	0.07	−0.02	−0.02	−0.06	−0.02

续表

	因变量									
	创业绩效									
	模型 11	模型 12	模型 13	模型 14	模型 15	模型 16	模型 17	模型 18	模型 19	模型 20
事先承诺		-0.14	-0.11	-0.09	-0.15	-0.15	-0.14	-0.12	-0.11	-0.12
可承受损失		-0.06	-0.11	-0.13	-0.09	-0.11	-0.08	-0.09	-0.16	-0.09
调节变量										
环境不确定性			0.12	0.16	0.16	0.26**	0.12	0.14	0.11	0.17
交互项										
因果推理 × 试验			0.26*	0.21*						
因果推理 × 柔性					0.15	0.04				
因果推理 × 事先承诺							0.08	0.05		
因果推理 × 可承受损失									-0.08	-0.14
因果推理 × 不确定性			0.09	0.09	0.12	0.15	-0.01	-0.02	0.07	0.11
试验 × 不确定性			-0.37**	-0.41***						
柔性 × 不确定性					-0.27*	-0.44**				
事先承诺 × 不确定性							-0.01	-0.01		
可承受损失 × 不确定性									-0.16	-0.27*

续表

	因变量									
	创业绩效									
	模型 11	模型 12	模型 13	模型 14	模型 15	模型 16	模型 17	模型 18	模型 19	模型 20
因果推理 × 试验 × 不确定性				−0.21						
因果推理 × 柔性 × 不确定性						−0.39**				
因果推理 × 事先承诺 × 不确定性								−0.07		
因果推理 × 可承受损失 × 不确定性										−0.28*
R^2	0.16	0.25	0.32	0.33	0.28	0.31	0.27	0.27	0.30	0.31
调整 R^2	0.12	0.19	0.24	0.25	0.20	0.23	0.18	0.18	0.21	0.23
ΔR^2	0.16	0.09**	0.07**	0.01	0.03	0.03**	0.02	0.001	0.04	0.02*
F	3.84	4.03	4.15	4.11	3.51	3.83	3.23	3.04	3.70	3.78

注：* 表示 $p < 0.05$，** 表示 $p < 0.01$，*** 表示 $p < 0.001$。

图 4-2 呈现了因果推理与试验原则对创业绩效的交互效应。简单效应分析结果显示，当创业者同时使用因果推理和试验原则时，他们的创业绩效（$\beta = 27.15$，$p < 0.01$）比单纯使用因果推理时的创业绩效（$\beta = 1.58$，ns）更好。图 4-3 呈现了试验和环境不确定性对创业绩效的交互效应。分

析结果显示，当环境不确定性高时，使用试验原则显著促进创业绩效（$\beta =$ 28.13，$p < 0.001$），当环境不确定性低时，使用试验原则与创业绩效的相关不显著（$\beta = -7.71$，ns）。图 4-4 呈现了柔性和环境不确定性对创业绩效的交互效应。分析结果显示，当环境不确定性高时，使用柔性原则与创业绩效呈正相关不显著（$\beta = 21.98$，ns），当环境不确定性低时，使用柔性原则负向预测创业绩效（$\beta = -27.60$，$p < 0.05$）。

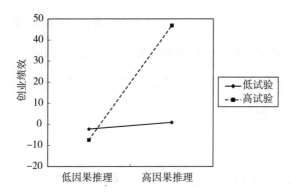

图 4-2　因果推理和试验原则对创业绩效的交互效应

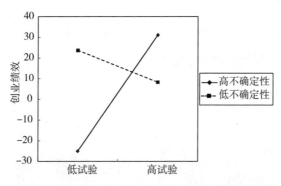

图 4-3　试验与环境不确定性对创业绩效的交互效应

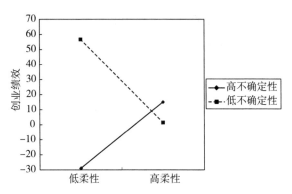

图 4-4 柔性和环境不确定性对创业绩效的交互效应

表 4-7 显示了因果推理、柔性和环境不确定性对创业绩效的三重交互效应。通过简单简单效应分析发现，在高不确定环境下，结合使用柔性原则和因果推理促进创业绩效；在稳定的环境下，柔性原则与因果推理的交互项不能显著预测创业绩效。也就是说，在高度动态的环境下，因果推理和柔性对创业绩效的积极交互效应更显著。

表 4-8 显示了因果推理、可承受损失和环境不确定性对创业绩效的三重交互效应。通过简单简单效应分析发现，在稳定的环境下，同时使用因果推理和可承受损失原则负向预测创业绩效。在高不确定环境下，因果推理和可承受损失对创业绩效的交互效应不显著。也就是说，在稳定的环境下，单独使用因果推理可能对创业绩效的积极作用更明显。

表 4-7 因果推理、柔性和环境不确定性对创业绩效的三重交互效应的 Bootstrapping 结果

环境不确定性	柔性	效应	SE	t	p	LLCI	ULCI
高不确定性	低	−5.91	10.20	−0.58	0.56	−26.06	14.24
	中	6.33	7.26	0.87	0.38	−8.01	20.67
	高	18.57*	8.16	2.28	0.02	2.45	34.69
中等水平	低	11.90	9.24	1.29	0.20	−6.36	30.16
	中	13.58*	6.64	2.05	0.04	0.46	26.70
	高	15.26	8.03	1.90	0.06	−0.61	31.13
低不确定性	低	29.71*	12.27	2.42	0.02	5.47	53.95
	中	20.83*	8.92	2.33	0.02	3.20	38.46
	高	11.95	11.46	1.04	0.30	−10.70	34.60

注：* 表示 $p < 0.05$。

表 4-8 因果推理、可承受损失和环境不确定性对创业绩效的三重交互效应的 Bootstrapping 结果

环境不确定性	可承受损失	效应	SE	t	p	LLCI	ULCI
高不确定性	低	6.98	10.59	0.68	0.51	−13.95	27.91
	中	8.94	7.27	1.23	0.22	−5.43	23.31
	高	10.91	8.18	1.33	0.18	−5.25	27.06
中等水平	低	21.30*	9.04	2.36	0.02	3.45	39.15
	中	14.27*	6.55	2.18	0.03	1.34	27.20
	高	7.24	8.14	0.89	0.38	−8.85	23.32
低不确定性	低	35.63**	11.85	3.01	0.003	12.22	59.03
	中	19.60*	8.28	2.37	0.02	3.23	35.96
	高	3.57	11.26	0.32	0.75	−18.68	25.81

注：* 表示 $p < 0.05$，** 表示 $p < 0.01$。

表4-9总结了本研究结果与假设的关系。

表4-9　研究结果总结

假设	提出的关系	是否支持
3a	促进焦点与因果推理逻辑呈正相关。	支持
3b	防御焦点与因果推理逻辑呈正相关。	支持
4a-1	促进焦点与试验原则呈正相关。	支持
4a-2	防御焦点与试验原则呈负相关。	不支持
4b-1	促进焦点与柔性原则呈正相关。	支持
4b-2	防御焦点与柔性原则呈负相关。	不支持
4c-1	促进焦点与事先承诺原则呈负相关。	不支持
4c-2	防御焦点与事先承诺原则呈正相关。	支持
4d-1	促进焦点与可承受损失原则呈负相关。	不支持
4d-2	防御焦点与可承受损失原则呈正相关。	支持
5	使用因果推理逻辑与创业绩效呈正相关。	支持
6a	使用试验原则与创业绩效呈正相关。	支持
6b	使用柔性原则与创业绩效呈正相关。	不支持
6c	使用事先承诺原则与创业绩效呈正相关。	不支持
6d	使用可承受损失原则与创业绩效呈正相关。	不支持
7a	促进焦点正向影响因果推理逻辑的使用，进而正向影响创业绩效。	支持
7b	促进焦点正向影响试验原则的使用，进而正向影响创业绩效。	支持
7c	促进焦点正向影响柔性原则的使用，进而正向影响创业绩效。	不支持
7d	促进焦点负向影响事先承诺原则的使用，进而负向影响创业绩效。	不支持
7e	促进焦点负向影响可承受损失原则的使用，进而负向影响创业绩效。	不支持
8a	防御焦点正向影响因果推理逻辑的使用，进而正向影响创业绩效。	不支持
8b	防御焦点负向影响试验原则的使用，进而负向影响创业绩效。	不支持
8c	防御焦点负向影响柔性原则的使用，进而负向影响创业绩效。	不支持
8d	防御焦点正向影响事先承诺原则的使用，进而正向影响创业绩效。	不支持

续表

假设	提出的关系	是否支持
8e	防御焦点正向影响可承受损失原则的使用，进而正向影响创业绩效。	不支持
9a	创业者共同使用试验原则与因果推理对创业绩效具有积极的交互效应。	支持
9b	创业者共同使用柔性原则与因果推理对创业绩效具有积极的交互效应。	不支持
9c	创业者共同使用事先承诺原则与因果推理对创业绩效具有积极的交互效应。	不支持
9d	创业者共同使用可承受损失原则与因果推理对创业绩效具有积极的交互效应。	不支持
10	环境不确定性调节因果推理与创业绩效的关系：环境不确定性越高，因果推理与创业绩效的积极关系越弱。	不支持
11a	环境不确定性调节试验与创业绩效的关系：环境不确定性越高，试验与创业绩效的积极关系越强。	支持
11b	环境不确定性调节柔性与创业绩效的关系：环境不确定性越高，柔性与创业绩效的积极关系越强。	支持
11c	环境不确定性调节事先承诺与创业绩效的关系：环境不确定性越高，事先承诺与创业绩效的积极关系越强。	不支持
11d	环境不确定性调节可承受损失与创业绩效的关系：环境不确定性越高，可承受损失与创业绩效的积极关系越强。	不支持
12a	环境不确定性调节因果推理和试验对创业绩效的交互效应。环境不确定性越高，同时使用因果推理和试验的积极效应就越强。	不支持
12b	环境不确定性调节因果推理和柔性对创业绩效的交互效应。环境不确定性越高，同时使用因果推理和柔性的积极效应就越强。	支持
12c	环境不确定性调节因果推理和事先承诺对创业绩效的交互效应。环境不确定性越高，同时使用因果推理和事先承诺的积极效应就越强。	不支持
12d	环境不确定性调节因果推理和可承受损失对创业绩效的交互效应。环境不确定性越高，同时使用因果推理和可承受损失的积极效应就越强。	支持

4.4　讨论

效果推理各个原则与因果推理在前因和后果上是否存在差异？这是当前创业决策逻辑文献存在的一个争议。本章通过分析 170 家企业的问卷调查数据，深入分析了调节焦点和创业决策逻辑、创业决策逻辑与创业绩效之间的关系，得到以下结论：

（1）促进焦点与因果推理和效果推理各个原则的使用呈正相关，防御焦点与因果推理、事先承诺和可承受损失原则的使用呈正相关。

（2）因果推理和试验原则的使用正向促进创业绩效，但柔性、事先承诺和可承受损失原则的使用不能显著预测创业绩效。

（3）促进焦点通过使用因果推理和试验原则正向促进创业绩效。

（4）在探讨因果推理和效果推理的关系时，结果表明，只有试验原则会显著加强因果推理和创业绩效的关系。

（5）在高度动态的环境下，使用试验原则会积极地促进创业绩效。而在稳定的环境下，使用柔性原则会损害创业绩效，在这种环境下，单纯使用因果推理会更积极地促进创业绩效。但在高度动态的环境下，使用柔性原则会加强因果推理对创业绩效的积极作用。

首先，本章检验了促进焦点和防御焦点与 4 种效果推理原则的差异关系。这也是近年来学者们在未来效果推理研究中强调的一个主要方向[9, 72-73]。效果推理文献一直被诟病的一点是，它将效果推理看作一个单一的构念，由一组内部一致的观点构成行动的基础，而实际上，这个构念是由不同的认知过程和行为组成的混合概念[9]。效果推理框架的倡导者重新审视了上述批判，承认他们似乎混淆了效果推理概念的某些内容[72]。为了解决这个问题，这些提倡者建议采用心理学中成熟的理论来区分这个概念中混淆的部分[72]。根据他们的建议，帕尔米·马克西米利安等人[11]

运用调节焦点理论厘清效果推理概念，这个理论为解释创业者的认知和行为差异提供了一个较为完备的框架。该研究区分了以促进焦点主导和以防御焦点主导的效果推理原则。调节焦点对人们的情绪、思想和行为具有重要的影响[13]。根据潜在的调节焦点倾向区分效果推理原则进一步澄清了作为行动基础的效果推理概念：使用促进焦点的组织领导者关注通过行动他们可能获得什么并采取激进的手段，而使用防御焦点的领导者关注通过行动他们可能损失什么并采取谨慎的手段[11]。激进的手段意味着行动保证击中和避免犯遗漏的错误，而谨慎的手段意味着行动保证正确拒绝和避免错误击中[14, 19]。因此，帕尔米·马克西米利安等人认为促进焦点和防御焦点的效果推理原则对同一个指标可能具有相反的关系，他们发现促进焦点主导的效果推理原则与创业导向呈正相关，防御焦点主导的效果推理原则与创业导向呈负相关[11]。然而，本研究的结果与帕尔米·马克西米利安等人的推论并不完全一致，帕尔米·马克西米利安等人认为因果推理逻辑由促进焦点主导，而我们发现促进焦点和防御焦点都与因果推理逻辑呈正相关。由于使用因果推理逻辑的创业者会做出精细的计划来使期望回报最大化，他们关注理想并努力实现他们的希望，因此表现出促进焦点倾向，对积极结果而非消极结果更敏感。但另一方面，通过防御焦点自我调节的创业者在追求创业机会之前，会预估创意的可行性和制订一个详细的机会开发计划[16]。通过坚持和执行他们的计划，创业者最终实现他们想要的成功。因此，防御焦点与因果推理逻辑的使用呈正相关。未来研究或许应将因果推理逻辑也看作多维度的构念，探讨因果推理逻辑之下的维度与促进焦点和防御焦点的关系。

本章还发现促进焦点与试验、柔性原则呈正相关；防御焦点与试验、柔性原则不相关，结果与帕尔米·马克西米利安等人的推论一致，说明试验和柔性是由促进焦点主导的原则。这是因为促进焦点个体倾向于尝试任何值得利用的机会，避免不改变现有行动而带来的损失[14]。他们拥抱意料之外的权变，将环境权变看作机会而不是威胁[21, 27]。而防御焦点个体正相反，他们倾向于"正确拒绝"和避免"错误预警"，在开发机会前会做出精细而高质量的计划以降低风险，因此，他们很难对最初的商业机会做出改变，使得创业者通常无法抓住稍纵即逝的商业机会[14]。此外，研究表明，防御焦点与事先承诺、可承受损失呈正相关，帕尔米·马克西米利安等也认为事先承诺、可承受损失原则由防御焦点驱动。但促进焦点也与事先承诺、可承受损失呈正相关。该结果出人意料，与以往研究结论不一致。这可能是因为创业者在创业过程中同时采用了促进焦点调节模式和防御焦点调节模式。根据调节匹配理论，环境会改变个体的调节焦点状态。由于创业环境的易变性，创业者可能需要在两种动机状态之间转换。因此，他们既关注收益，也关注损失；既追求大刀阔斧的革新，也寻求循序渐进的投资。未来研究可以关注促进焦点和防御焦点在创业过程中共存的可能性。

其次，本章发现，因果推理逻辑与创业绩效呈显著正相关，支持假设5。试验与创业绩效呈显著正相关；但柔性、事先承诺和可承受损失与创业绩效相关不显著。过去一些研究在分析效果推理逻辑与创业绩效的关系时，也将效果推理逻辑的各个维度与绩效联系起来，但得出的结论不尽相同。例如，瑞德·斯图尔特等人[43]通过元分析检验效果推理逻辑和新创企业绩效之间的关系，结果表明，绩效与手段驱动、伙伴关系、权变利用具有显著的积极关系，而与可承受损失之间的消极关系不显著。尼尔森·托马斯的博士论文显示，创业者对财务绩效的满意度与试验、柔性和可承受损失呈正相关，但与事先承诺不相关[74]。斯莫尔卡·卡特琳等人[8]对 1453 名学生创业者进行调查，创业者在 7 点里克特量表上评价他们企业的绩效与竞争者相比如何。结果显示，因果推理显著预测创业绩效，即使加入与效果推理的交互项，它仍然是最强的预测变量。而且柔性和事先承诺与创业绩效呈正相关，可承受损失与创业绩效呈负相关，试验与创业绩效相关不显著。在本研究中，创业绩效通过销售收入增长率来测量，相对客观，而之前研究所用的绩效主要由创业者进行满意度评价或与竞争者比较来评价，显得比较主观。对创业绩效的不同测量方式可能是导致效果推理各维度与绩效关系不一致的原因之一。而且，本书调查的创业企业所处的环境可能相对稳定（平均值为 5.26，分值越高，代表环境稳定性越高），因此使用效果推理模式可能对创业绩效的影响较小。另外，本书研究结果与大多数文献一致，显示了创业商业计划的优势[39-40, 66, 75-76]。 但是我们也不能就此推断出因果推理对促进创业绩效而言是更有效的创业逻辑。虽然过去研究表明商业计划对绩效具有很大的积极效应，但这些研究发现并没有提出边界条件。本书分析了因果推理逻辑起作用的边界条件。

再次，本章结果显示，因果推理和效果推理各个维度之间具有积极的关系，因此它们之间不是相互独立的。事实上，本书也提出假设，这两种逻辑可以互相加强，共同促进创业绩效。但结果发现，只有试验原则会显著加强因果推理和绩效的关系。鉴于这个发现，当创业者为新创企业设计创业战略时，仍可以对当前的产品进行试验和充分利用手头的资源[8]。虽然效果推理决策模式倾向于关注公司产品，但以计划为特征的因果推理模式可以帮助创业者指出企业将往哪个方向发展。从实践的角度来说，创业者在坚持计划机制的同时，可以关注效果推理。财务良好的公司可以一边使用计划，一边将其与效果推理模式结合[8]。例如，一个创业者可能对明年安排了一个完备的产品计划，同时他也可以基于顾客反馈而不断改变产品的关键特征[8]。

最后，本章探讨了在何种情境下使用效果推理或因果推理更有利于创业绩效。结果表明，环境不确定性对因果推理和创业绩效之间的调节效应不显著。而环境不确定性负向调节试验和创业绩效、柔性和创业绩效之间的关系；但对事先承诺、可承受损失与创业绩效之间的调节效应不显著。通过简单斜率分析，结果发现，在高度动态的环境下，试验原则对绩效的正向预测更强，这也进一步支持了帕尔米·马克西米利安等人[11]认为试验原则由促进焦点主导的观点。已有研究表明，在动态和不确定的环境中，使用促进焦点的创业者表现得更好，因为他们产生更多的创意和更愿意做出改变，因此会进行更多的创造性活动[60]。这种决策过程与试验原则相呼应。当创业者使用效果推理逻辑时，他们基于已有的手段来设想他们能达到的目标，然后对这些手段进行试验，看哪个目标最合适[25]。所以采用试验原则的创业企业在高不确定环境下绩效会更好[77]。另外，本书还发现，在稳定的环境下，使用柔性原则反而损害了创业绩效。在稳定的环境下，渐进式的行为受到奖励，过多的改变被证明是高成本的[14]。与此相反，柔性原则鼓励创业者对环境中出现的意外事件保持开放，不断调整商业过程以利用机会。因此，在稳定的环境下，使用柔性原则是相对无效的。

此外，本章研究结果表明，环境不确定性负向调节因果推理和柔性对创业绩效的交互效应，以及负向调节因果推理和可承受损失对创业绩效的交互效应。通过简单斜率分析，发现在高不确定环境下，因果推理和柔性对创业绩效的协同效应更显著。过去研究在探讨决策逻辑的动态性时，大多是采用质性研究，结果发现随着创业企业成长和不确定性降低，企业从使用效果推理逻辑转而使用因果推理逻辑[2, 69]。他们假设效果推理原则在整个生命周期中起到相同的作用，效果推理的使用随着环境不确定性降低而减少[8]。但本书研究结果表明，效果推理原则对绩效的影响可能存在差异。特别是，在动态和高度不确定环境下，柔性原则可以弥补因果推理的僵化性。在这种环境下，创业者可以进行战略规划和竞争性分析（因果推理），但如果出现有前景的机会，他们也可以偏离预期的行动以利用和开发机会。此外，研究发现，在稳定的环境下，同时使用因果推理和可承受损失原则反而损害创业绩效。在稳定的环境下，变化的性质和速度都是可预测的。创业者可以很容易获得需要的信息，做出期望回报最大化的战略规划，此时关注损失可能反而降低收益。因此，在这种环境下，单独使用因果推理可能对创业绩效的积极作用更明显。

参考文献

［1］MAUER R, WUEBKER R, SCHLÜTER J, et al. Prediction and control: an agent-based simulation of search processes in the entrepreneurial problem space ［J］. *Strategic entrepreneurship journal*, 2018,12(2):237-260.

［2］REYMEN I M, ANDRIES P, BERENDS H, et al. Understanding dynamics of strategic decision making in venture creation: a process study of effectuation and causation ［J］. *Strategic entrepreneurship journal*, 2015,9(4):351-379.

［3］SARASVATHY S D. Effectuation: elements of entrepreneurial expertise ［M］. Cheltenham: Edward Elgar Publishing, 2008.

［4］MURNIEKS C Y, HAYNIE J M, WILTBANK R E, et al. "I like how you think": similarity as an interaction bias in the investor-entrepreneur dyad ［J］. *Journal of management studies*, 2011,48(7):1533-1561.

［5］PARIDA V, GEORGE N M, LAHTI T, et al. Influence of subjective interpretation, causation, and effectuation on initial venture sale ［J］. *Journal of business research*, 2016,69(11):4815-4819.

［6］WILTBANK R, READ S, DEW N, et al. Prediction and control under uncertainty: outcomes in angel investing［J］. *Journal of business venturing*, 2009,24(2):116−133.

［7］DELIGIANNI I, VOUDOURIS I, LIOUKAS S. Do effectuation processes shape the relationship between product diversification and performance in new ventures?［J］. *Entrepreneurship theory and practice*, 2017,41(3):349−377.

［8］SMOLKA K M, VERHEUL I, BURMEISTER LAMP K, et al. Get it together! Synergistic effects of causal and effectual decision−making logics on venture performance［J］. *Entrepreneurship theory and practice*, 2018,42(4):571−604.

［9］AREND R J, SAROOGHI H, BURKEMPER A. Effectuation as ineffectual? Applying the 3E theory−assessment framework to a proposed new theory of entrepreneurship［J］. *Academy of management review*, 2015,40(4):630−651.

［10］ENGEL Y, VAN BURG E, KLEIJN E, et al. Past career in future thinking: how career management practices shape entrepreneurial decision making ［J］. *Strategic entrepreneurship journal*, 2017,11(2):122−144.

［11］PALMIÉ M, HUERZELER P, GRICHNIK D, et al. Some principles are more equal than others: promotion-versus prevention-focused effectuation principles and their disparate relationships with entrepreneurial orientation ［J］. *Strategic entrepreneurship journal*, 2019,13(1):93−117.

［12］BRETTEL M, MAUER R, ENGELEN A, et al. Corporate effectuation: entrepreneurial action and its impact on R&D project performance ［J］. *Journal of business venturing*, 2012,27(2):167-184.

［13］HIGGINS E T. Beyond pleasure and pain. ［J］. *American psychologist*, 1997,52(12):1280.

［14］HMIELESKI K M, BARON R A. Regulatory focus and new venture performance: a study of entrepreneurial opportunity exploitation under conditions of risk versus uncertainty ［J］. *Strategic entrepreneurship journal*, 2008,2(4):285-299.

［15］MCMULLEN J S, ZAHRA S A. Regulatory focus and executives' intentions to commit their firms to entrepreneurial action ［J］. *SSRN electronic journal*, 2006, 26(23): 1-14.

［16］BROCKNER J, HIGGINS E T, LOW M B. Regulatory focus theory and the entrepreneurial process ［J］. *Journal of business venturing*, 2004,19(2):203-220.

［17］BURMEISTER-LAMP K, LÉVESQUE M, SCHADE C. Are entrepreneurs influenced by risk attitude, regulatory focus or both? An experiment on entrepreneurs' time allocation ［J］. *Journal of business venturing*, 2012,27(4):456-476.

［18］KAMMERLANDER N, BURGER D, FUST A, et al. Exploration and exploitation in established small and medium-sized enterprises: the effect of ceos' regulatory focus ［ J ］. *Journal of business venturing*, 2015,30(4):582-602.

［19］ TUMASJAN A, BRAUN R. In the eye of the beholder: how regulatory focus and self-efficacy interact in influencing opportunity recognition［ J ］. *Journal of business venturing*, 2012,27(6):622-636.

［20］ BRYANT P. Self-Regulation and moral awareness among entrepreneurs ［ J ］. *Journal of business venturing*, 2009,24(5):505-518.

［21］ CHANDLER G N, DETIENNE D R, MCKELVIE A, et al. Causation and effectuation processes: a validation study ［ J ］. *Journal of business venturing*, 2011,26(3):375-390.

［22］ WU C, MCMULLEN J S, NEUBERT M J, et al. The influence of leader regulatory focus on employee creativity ［ J ］. *Journal of business venturing*, 2008,23(5):587-602.

［23］ SARASVATHY S D, DEW N. Entrepreneurial logics for a technology of foolishness ［ J ］. *Scandinavian journal of management*, 2005,21(4):385-406.

［24］ SARASVATHY S, KUMAR K, YORK J G, et al. An effectual approach to international entrepreneurship: overlaps, challenges, and provocative possibilities ［ J ］. *Entrepreneurship theory and practice*, 2014,38(1):71-93.

［25］ SARASVATHY S D. Causation and effectuation: toward a theoretical shift from economic inevitability to entrepreneurial contingency [J]. *Academy of management review*, 2001,26(2):243-263.

[26] BARON R A. The cognitive perspective: a valuable tool for answering entrepreneurship's basic "why" questions [J]. *Journal of business venturing*, 2004,19(2):221-239.

[27] DEW N, READ S, SARASVATHY S D, et al. Effectual versus predictive logics in entrepreneurial decision-making: differences between experts and novices [J]. *Journal of business venturing*, 2009,24(4):287-309.

[28] SHANE S, VENKATARAMAN S. The promise of entrepreneurship as a field of research [J]. *Academy of management review*, 2000,25(1):217-226.

[29] BURNS B L, BARNEY J B, ANGUS R W, et al. Enrolling stakeholders under conditions of risk and uncertainty [J]. *Strategic entrepreneurship journal*, 2016,10(1):97-106.

[30] LUO Y. Procedural fairness and interfirm cooperation in strategic alliances [J]. *Strategic management journal*, 2008,29(1):27-46.

[31] GREVE H R. A behavioral theory of R&D expenditures and innovations: evidence from shipbuilding [J]. *Academy of management journal*, 2003,46(6):685-702.

[32] SIVADAS E, DWYER F R. An examination of organizational factors influencing new product success in internal and alliance-based processes

［ J ］. *Journal of marketing*, 2000,64(1):31–49.

［33］ROSENBUSCH N, BRINCKMANN J, BAUSCH A. Is innovation always beneficial? A meta–analysis of the relationship between innovation and performance in smes ［ J ］. *Journal of business venturing*, 2011,26(4):441–457.

［34］DONNA MARIE DE,et al. Social capital, cognition, and entrepreneurial opportunities: a theoretical framework ［ J ］. *Entrepreneurship theory and practice*, 2006,30(1):41–56.

［35］JANNEY J J, DESS G G. The risk concept for entrepreneurs reconsidered: new challenges to the conventional wisdom ［ J ］. *Journal of business venturing*, 2006,21(3):385–400.

［36］DEW N, SARASATHY S, READ S, et al. Affordable loss: behavioral economic aspects of the plunge decision ［ J ］. *Strategic entrepreneurship journal*, 2009,3(2):105–126.

［37］KRISTINSSON K, CANDI M, SÆMUNDSSON R J. The relationship between founder team diversity and innovation performance: the moderating role of causation logic ［ J ］. *Long range planning*, 2016,49(4):464–476.

［38］MAYER–HAUG K, READ S, BRINCKMANN J, et al. Entrepreneurial talent and venture performance: a meta–analytic investigation of smes ［ J ］. *Research policy*, 2013,42(6–7):1251–1273.

［39］BRINCKMANN J, GRICHNIK D, KAPSA D. Should entrepreneurs plan or just storm the castle? A meta-analysis on contextual factors impacting the business planning-performance relationship in small firms ［J］. *Journal of business venturing*, 2010,25(1):24-40.

［40］DELMAR F, SHANE S. Does business planning facilitate the development of new ventures? ［J］. *Strategic management journal*, 2003,24(12):1165-1185.

［41］DELMAR F, SHANE S. Legitimating first: organizing activities and the survival of new ventures ［J］. *Journal of business venturing*, 2004,19(3):385-410.

［42］FISHER G, KOTHA S, LAHIRI A. Changing with the times: an integrated view of identity, legitimacy, and new venture life cycles ［J］. *Academy of management review*, 2016,41(3):383-409.

［43］READ S, SONG M, SMIT W. A meta-analytic review of effectuation and venture performance ［J］. *Journal of business venturing*, 2009, 24(6):573-587.

［44］SULLIVAN MORT G, WEERAWARDENA J, LIESCH P. Advancing entrepreneurial marketing: evidence from born global firms ［J］. *European journal of marketing*, 2012,46(3/4):542-561.

［45］CAI L, GUO R, FEI Y, et al. Effectuation, exploratory learning and new venture performance: evidence from China ［J］. *Journal of small business management*, 2017,55(3):388-403.

［46］MTHANTI T S, URBAN B. Effectuation and entrepreneurial orientation in high-technology firms ［J］. *Technology analysis & strategic management*, 2014,26(2):121-133.

［47］NADKARNI S, NARAYANAN V K. Strategic schemas, strategic flexibility, and firm performance: the moderating role of industry clockspeed ［J］. *Strategic management journal*, 2007,28(3):243-270.

［48］WORREN N, MOORE K, CARDONA P. Modularity, strategic flexibility, and firm performance: a study of the home appliance industry ［J］. *Strategic management journal*, 2002,23(12):1123-1140.

［49］EISENHARDT K M, SCHOONHOVEN C B. Resource-Based view of strategic alliance formation: strategic and social effects in entrepreneurial firms ［J］. *Organization science*, 1996,7(2):136-150.

［50］PERRY J T, CHANDLER G N, MARKOVA G. Entrepreneurial effectuation: a review and suggestions for future research ［J］. *Entrepreneurship theory and practice*, 2012,36(4):837-861.

［51］EVALD M R, SENDEROVITZ M. Exploring internal corporate venturing in smes: effectuation at work in a new context ［J］. *Journal of enterprising culture*, 2013,21(3):275-299.

［52］MAINE E, SOH P, DOS SANTOS N. The role of entrepreneurial decision-making in opportunity creation and recognition ［J］.

technovation, 2015(39):53-72.

[53] NUMMELA N, SAARENKETO S, JOKELA P, et al. Strategic decision-making of a born global: a comparative study from three small open economies [J] . *Management international review*, 2014,54(4):527-550.

[54] SITOH M K, PAN S L, YU C. Business models and tactics in new product creation: the interplay of effectuation and causation processes [J] . *IEEE transactions on engineering management*, 2014,61(2):213-224.

[55] FRESE M. Towards a psychology of entrepreneurship—an action theory perspective [J] . *Foundations and trends® in entrepreneurship*, 2009,5(6):437-496.

[56] FRESE M, KRAUSS S I, KEITH N, et al. Business owners' action planning and its relationship to business success in three african countries. [J] . *Journal of applied psychology*, 2007,92(6):1481.

[57] GIELNIK M M, FRESE M. *Entrepreneurship and poverty reduction: applying I-O psychology to micro-business and entrepreneurship in developing countries* [M] // OLSON-BUCHANAN J B , KOPPES BRYAN L L, FOSTER THOMPSON L(Eds.), Using industrial-organizational psychology for the greater good: Helping those who help others , New York: Routledge, 2013:394-438.

[58] DESS G G, BEARD D W. Dimensions of organizational task environments[J]. *Administrative science quarterly*, 1984,29(1):52-73.

［59］HENDERSON A D, MILLER D, HAMBRICK D C. How quickly do ceos become obsolete? Industry dynamism, ceo tenure, and company performance［J］. *Strategic management journal*, 2006,27(5):447–460.

［60］WALLACE J C, LITTLE L M, HILL A D, et al. Ceo regulatory foci, environmental dynamism, and small firm performance［J］. *Journal of small business management*, 2010,48(4):580–604.

［61］BARR P S, STIMPERT J L, HUFF A S. Cognitive change, strategic action, and organizational renewal［J］. *Strategic management journal*, 1992,13(S1):15–36.

［62］HAMBRICK D C, FINKELSTEIN S. Managerial discretion: a bridge between polar views of organizational outcomes.［J］. *Research in organizational behavior*, 1987, 9(2): 369–406

［63］WELTER C, KIM S. Effectuation under risk and uncertainty: a simulation model［J］. *Journal of business venturing*, 2018, 33(1): 100–116.

［64］ALVAREZ S A, BARNEY J B. Discovery and creation: alternative theories of entrepreneurial action［J］. *Strategic entrepreneurship journal*, 2007,1(1–2):11–26.

［65］HARMS R, SCHIELE H. Antecedents and consequences of effectuation and causation in the international new venture creation process［J］. *Journal of international entrepreneurship*, 2012,10(2):95–116.

［66］GRUBER M. Uncovering the value of planning in new venture creation: a process and contingency perspective [J] . *Journal of business venturing*, 2007, 22(6):782-807.

[67] GRÉGOIRE D A, CHERCHEM N. A structured literature review and suggestions for future effectuation research [J] . *Small business economics*, 2020, 54 (3): 621-639.

[68] VANDERSTRAETEN J, HERMANS J, VAN WITTELOOSTUIJN A, et al. Effectuation and causation combined, and their conditional effects on smes innovativeness according to environmental dynamism [C] . CIFEPME 2018: Congrès International Francophone en Entrepreneuriat et PME 2018, Université Toulouse III, Toulouse, France, 23-26 October 2018, 2018: 1-35.

[69] ANDRIES P, DEBACKERE K, VAN LOOY B. Simultaneous experimentation as a learning strategy: business model development under uncertainty [J] . *Strategic entrepreneurship journal*, 2013,7(4):288-310.

[70] READ S, DEW N, SARASVATHY S D, et al. Marketing under uncertainty: the logic of an effectual approach [J] . *Journal of marketing*, 2009,73(3):1-18.

[71] LOCKWOOD P, JORDAN C H, KUNDA Z. Motivation by positive or negative role models: regulatory focus determines who will best inspire us. [J] . *Journal of personality and social psychology*, 2002,83(4):854.

[72] READ S, SARASVATHY S D, DEW N, et al. Response to arend,

sarooghi, and burkemper (2015): cocreating effectual entrepreneurship research ［J］. *Academy of management review*, 2016,41(3):528-536.

［73］WELTER C, MAUER R, WUEBKER R J. Bridging behavioral models and theoretical concepts: effectuation and bricolage in the opportunity creation framework ［J］. *Strategic entrepreneurship journal*, 2016,10(1):5-20.

［74］NELSON T E. Experience, effectuation, and something good does the use of effectuation lead to positive outcomes? ［M］. University of louisville, 2012.

［75］BURKE A, FRASER S, GREENE F J. The multiple effects of business planning on new venture performance ［J］. *Journal of management studies*, 2010,47(3):391-415.

［76］CHWOLKA A, RAITH M G. The value of business planning before start-up—a decision-theoretical perspective ［J］. *Journal of business venturing*, 2012,27(3):385-399.

［77］BLANK S. Why the lean start-up changes everything ［J］. *Harvard business review*, 2013,91(5):63-72.

第5章 总体讨论

5.1 结论

创业者大多数时候是自我调节行为的，他们所处的行业环境在风险和不确定性之间波动[1]。因此，从促进焦点和防御焦点的角度探讨它们如何被运用于创业机会评价和创业机会实现过程，既有好处，又有成本[1]。高促进焦点者可能会做出太多猜测性的假设，以至于将自己、企业和利益相关者置于巨大的风险中[1]。相反，高防御焦点个体可能会花费太多的时间和精力来完善他们的决策，试图确保他们选择的战略或商业机会不会失败，但这会导致消极的沉没成本效应[1]。这两种视角都会危及创业企业的发展和生存，特别是如果它们与当前环境的要求显著不匹配。所以，认为某种调节焦点在所有情境和环境中都优于另一种调节焦点是不明智的。相反，两者都在创业过程中起到重要的作用。通常，在相关信息容易获取的环境下，防御焦点鼓励的额外思考和数据收集有助于创业者避免走进死胡同和产生虚假警报[1]，这对创业机会的有效评价十分有利。在这方面，防御焦点可以作为个人优势加以利用。但另一方面，在相关信息不充足的情况下，过多的分析可能会导致过高的成本，在这种条件下，促进焦点鼓励的试验和柔性原则会更有益。因此，对创业者而言，关键的原则是平衡——对成功的欲望与谨慎的行为进行合理的融合[1]。

本书的主要结论如下：

（1）促进焦点者比防御焦点者更积极地评价机会；但在风险感知较低的情况下，高防御焦点者会更谨慎地评价机会，试图确保他们选择的商业机会不会失败。这与当前环境是匹配的，也有利于做出有效的创业机会评价。

（2）在创业机会实现阶段，通过促进焦点自我调节的创业者倾向于同时使用因果推理逻辑和效果推理原则（试验、柔性、事先承诺和可承受损失），通过防御焦点自我调节的创业者倾向于同时使用因果推理逻辑、事先承诺和可承受损失原则。

（3）因果推理和试验原则的使用正向促进创业绩效，但柔性、事先承诺和可承受损失原则的使用不能显著预测创业绩效。

（4）运用促进焦点自我调节的创业者通过使用因果推理和试验原则正向促进创业绩效。

（5）在检验因果推理和效果推理对创业绩效的协同效应时，结果表明，只有试验原则会显著加强因果推理和创业绩效的关系。

（6）在高度动态的环境下，使用试验原则会积极地促进创业绩效。而在稳定的环境下，使用柔性原则会损害创业绩效，在这种环境下，同时使用因果推理和可承受损失原则也会降低创业绩效。但在高度动态的环境下，使用柔性原则会加强因果推理对创业绩效的积极作用。

5.2 研究贡献

5.2.1 理论贡献

本书对创业理论的第一个贡献是将调节焦点理论运用到创业机会评价的情境中。过去研究提供了许多可靠的证据表明，认知和情感因素会影响到创业机会如何被评价。这些研究很有价值，但除了认知和情感，动机也是影响评价过程的一个显著因素。动机理论中的一个典型代表是调节焦点理论，已有研究表明，调节焦点会影响到与认知评价相关的许多过程，例如信息加工、对新信息的关注、决策判断等。然而，在创业文献中，几乎很少有研究将调节焦点与创业机会评价联系起来[2]。本书通过对 MBA 学生的调查问卷探讨了调节焦点对创业机会评价的影响，一方面扩展了调节焦点理论在创业决策中的应用，另一方面也令我们看到，除了认知和情感，动机也是影响创业机会评价的一个重要因素，未来研究应继续深入分析动机影响创业机会评价的潜在机制。

本书对创业理论的第二个贡献是探讨了在不同风险感知条件下，调节焦点如何影响创业机会评价。过去研究确实强调，风险感知是理解创业认知和行为的一个重要因素[3-5]。但这些研究通常忽视它与个体特征变量的交互效应。虽然风险是创业的内生性质，但面对相同的创业情境，个体对情境的感知会有所差异，这种感知差异可能是导致个体产生不同决策的边界条件。本书发现，在风险感知较低的情况下，防御焦点与机会评价呈显著负相关。虽然防御焦点单独无法显著预测创业机会评价，但它与风险感知的交互效应使我们更全面地了解防御焦点对创业机会评价的作用机制。

　　本书对创业理论的第三个贡献是将调节焦点与因果推理和效果推理原则联系起来。本书深入探讨了各个效果推理原则之间的差异，这也是近年来学者们在未来效果推理研究中强调的一个主要方向[6-8]。效果推理文献一直被诟病的一点是，它将效果推理看作是一个单一的构念，由一组内部一致的观点构成行动的基础，而实际上，这个构念是由不同的认知过程和行为组成的混合概念[6]。帕尔米·马克西米利安等人区分了以促进焦点和以防御焦点主导的效果推理原则[9]。本书对此推论进行了实证分析，结果表明，促进焦点和防御焦点与同一个原则可能具有类似的关系。

　　本书对创业理论的第四个贡献是对效果推理逻辑和因果推理逻辑这两个构念进行了验证和延伸。之前的证据主要来自理论构想或案例研究，虽然案例研究对某个现象提供了较为丰富和深入的描述，但研究者对案例研究结果的可推广性存在怀疑[10]。本书通过定量分析为效果推理逻辑和因果推理逻辑的进一步推广提供了证据。而且，过去研究大多认为效果推理逻辑主要适用于专家型创业者[11]，几乎很少研究分析创业者的决策模式如何受到动机状态的影响。事实上，创业者实现目标的自我调节模式对创业决策具有很大的影响。本书从调节焦点理论视角研究了效果推理和因果推理逻辑的先行变量，发现促进焦点与效果推理各个原则呈正相关，防御焦点与事先承诺原则、可承受损失原则呈正相关。

本书对创业理论的第五个贡献是探析效果推理逻辑和因果推理逻辑影响创业绩效的边界条件。研究表明，试验原则会显著加强因果推理和创业绩效的关系，并且不受到环境的影响；在高度动态的环境下，试验原则会更积极地预测创业绩效，而且柔性和可承受损失在某种程度上可以抵消因果推理在动态环境下对绩效的消极作用。这些实证研究结果清晰地呈现了因果推理与效果推理原则之间的复杂关系，即在不同的条件下，创业者可能会选择性地使用某些原则，这使得他们更能适应创业环境的动态性。

5.2.2 对创业教育和实践的启示

本书研究结果为创业教育和创业实践提供了一些重要启示。

首先，研究一的结果说明，环境的感知会唤起创业者的促进焦点或防御焦点状态，进而影响到哪些环境刺激会受到关注和解释。个体不仅要察觉他们自身的决策偏差，而且要洞察环境的感知如何刺激决策偏差以影响他们对机会的评价。虽然本书关注的是长期的动机倾向，但过去研究也表明，通过实验可以有意识地操纵调节焦点。所以，如果个体需要审慎地评估创业机会，他们可能要强调安全和警戒，以唤起防御焦点状态。通过了解环境如何影响认知，个体不仅可以学习更有效地处理创业环境中的风险，而且可以通过内部环境在心理上操纵个体对行为的偏好，以更好地匹配外部环境。

其次，本书表明效果推理原则与创业绩效之间的关系存在差异，因此这些原则不能被随意地替换[9]。创业者不仅要考虑他们是要使用效果推理模式还是因果推理模式，而且要考虑他们想要使用哪个效果推理原则。例如，不管在什么样的环境下，创业者都可以使用试验原则，因为它促进创业绩效。在动态的环境下，创业者还可以结合使用柔性原则和因果推理逻辑。而在稳定的环境下，使用柔性原则可能降低创业绩效，结合使用可承受损失原则与因果推理逻辑也可能损害创业绩效。

最后，本书表明，共同追求因果推理和效果推理原则（试验和柔性原则）会促进创业绩效。这两种模式的结合意味着创业者进行战略规划和竞争性分析（因果推理）的同时，仍可以充分利用手头的资源对当前的产品进行试验，而且如果出现有前景的机会，他们也可以偏离预期的行动。有时创业者对偏离计划之外感到犹豫，部分是因为害怕偏离计划被认为是原始计划存在漏洞和害怕失去面子[12]。为了克服这些心理阻碍，创业者应该从一开始就强调他们计划的临时性和可变通性。而且，创业者应该阐明他们提出计划的潜在假设是什么，并收集信息以评估这些假设是否恰当[13]。创业者可以定期检查他们的公司是否实现了某个具体的目标，以反复评估是否要继续坚持曾经认为恰当的假设[1]。这些评估将刺激创业者乐于接受未来发展和向新兴的机会转移。

效果推理原则最初来源于对专家型创业者的分析[14]，代表创业专长中可教授和可学习的元素[15]。既然这些元素被提取出来，那么任何人都可以学习这些工具[7]。这也同样适用于因果推理模式[16]。因此，探究使用因果推理和效果推理的前因和后果与创业教育十分相关。本书研究结果鼓励创业教育更多关注单个效果推理原则以及它们之间的差异，而不是把效果推理当作一个单一的概念。而且，本书强调个体自我调节模式对效果推理原则和因果推理使用的影响，这有助于创业者反思和调整他们的动机模式，从而带领他们的企业朝希望的方向发展。

5.3 研究局限及未来展望

5.3.1 研究局限

正如所有的实证研究，本书研究也存在局限性。

首先，在分析调节焦点对创业机会评价的影响时，本研究以 MBA 学生为研究对象，在研究中使用学生样本通常会因为缺乏推广性而受到质疑[17]。但创业机会评价是创建新企业的早期阶段，而且先前研究也有使用非创业者作为对象探讨情绪、认知偏差对创业机会评价的影响[18-20]，因此这个阶段是非创业者向创业者身份转变的时候，不一定要以创业者为研究对象。其次，本研究在测量风险感知时关注的是经济损失的概率，未来研究可能需要检验其他类型的风险，例如社会风险[21-22]。最后，虽然采用情境设计可以比较受试者在面对相同的情境时的风险感知，但它也可能导致结论的保守性。特别是，课堂情境可能会使学生以分析性的思维去解读案例，他们可能会感知到更高的风险[17]。因此，研究者需要进一步探索本研究中验证的关系是否可以被推广到真实的情境或不同类型的创业企业中。

在分析调节焦点对创业机会开发的影响时，本研究以创业者为研究对象，但由于收集的是横断数据，因此无法做出因果推断。虽然本研究假设两种决策模式在整个创业过程中互相补充，但所收集的数据并不能追踪到因果推理和效果推理的使用顺序，例如，在创业早期阶段可能同时使用计划与试验原则，在后期渐渐转向使用因果推理模式。此外，本研究可能存在回忆偏差，尽管我们在测量创业绩效时尽量控制这种偏差，因为创业者回忆的是 2017 年的销售增长率，但要准确判断在创业过程中某种决策逻辑的使用似乎并不容易。因此，未来研究在探讨因果推理和效果推理与创业绩效的关系时，应该考虑纵向研究设计，比较明智的做法是对创业者从创业伊始一直追踪到创业后期，这样不仅可以获得短期的绩效结果（例如，初次销售或达到盈亏平衡点），也可以获得长期的绩效结果（连续的年销售额）。

5.3.2 未来研究

除了上述贡献，本书研究对未来研究也有进一步的启发。第一，巴朗·罗伯特（2004）[23]表明创业者如果使用防御焦点的某些方面来中和促进焦点，则他们会比单纯使用促进焦点的创业者更善于区分可行的机会和不可行的机会。促进焦点的这种中和性代表防御焦点也对创业决策起到必不可少的作用。因此，未来研究应深入探讨促进焦点和防御焦点如何共同起作用以促进创业机会识别和创业成功。而且，帕尔米·马克西米利安等人提出创业导向来源于领导者的促进焦点[9]，因此未来研究也可以基于巴朗·罗伯特（2004）的观点，探索来源于领导者防御焦点的公司层面特征，如何与创业导向形成互补，对创业结果产生影响。

第二，创业团队研究也为加深理解调节焦点与创业决策的关系提供了思路。布罗克纳·乔尔、托里·希金斯和默里·洛[24]认为高管团队需要同时包含促进焦点和防御焦点的个体，才能使绩效达到最好。因为促进焦点个体寻求"击中"，而防御焦点个体避免"错误"，所以许多促进型的创意、决策和战略可能会忽略潜在的陷阱，但如果团队中有防御焦点个体，他们可能就会发现错误而阻止创意、决策和战略的运行[25]。本质上而言，防御焦点个体可能会对促进焦点个体提出的创意、决策和战略进行过滤。因此，除了探讨个体内促进焦点与防御焦点的互补，分析个体之间特征的互补也是未来的研究方向之一，毕竟创业是一个需要群策群力的过程。

第三，未来研究可能需要对已有的效果推理和因果推理量表进行改进。在本研究中，试验维度由于信度问题就被删减了两个题项。钱德勒·盖伦等[26]将效果推理定义为"一个形成性的二阶构念，它由4个反映性的一阶构念组成"。在这个定义中，效果推理是由几个形成性的子维度组成的构念，而每个子维度（试验、柔性、事先承诺、可承受损失）却被看作是反映性的。未来研究可以对最终构成效果推理这个概念的反映性项目进行改编或扩展，例如，可承受损失原则很好地刻画了财务自由，但它仍可以包括其他创业资源，比如对社会造成的损失[10]。此外，研究者需要更严谨地检验因果推理这个构念的维度，尽管因果推理可能包含与效果推理一样多的维度，但它通常被忽略。本研究发现促进焦点和防御焦点与因果推理都呈正相关，说明因果推理被视为一个多维度的构念可能更合适。

第四，未来研究可以更深入地探讨效果推理和因果推理之间的结合和匹配。本研究与之前的研究一样[7, 26-27]，认为追求效果推理和因果推理决策逻辑的结合在创业中是可能实现的。但在这个观点之下的潜在认知机制是什么，却被解释得不够充分。大多数做出此推断的研究，包括本研究，都认为是在某个特定的时间长度里，例如，创始阶段或产品研发过程，这两种决策模式会被结合使用[9]。但我们仍不清楚的是决策者在某个时间点是否会共同使用效果推理和因果推理模式以及他们如何在两者之间转换[9]。认知心理学或者神经科学研究方法，例如，功能性磁共振成像，可以加深我们对这些重要问题的理解[9, 28]。

第五，未来可能需要更多的研究来梳理效果推理的前因和后果。已有的一些效果推理研究检验了个体特征对该决策模式的作用，例如，创业自我效能感[29]、认同[30]以及调节焦点，未来研究可以检验团队或企业层面的先行变量，而且，最好检验它们对每个效果推理原则的作用。最后，本研究分析了调节焦点对决策逻辑和创业绩效的影响，但除了试验，效果推理原则的中介效应并不显著。我们希望未来研究进一步检验在调节焦点与创业绩效之间起中介作用的某种决策风格以揭示两者关系的"黑箱"。同时，本研究将风险感知和环境不确定性作为调节变量，未来研究的一个方向考虑环境的其他特征对创业决策的作用，例如环境包容性和复杂性[25]。包容性高的环境具有高稳定性和高成长的特征[25]，在这种环境下，由于资源宽裕，因果推理可能会更积极地影响绩效。

参考文献

[1] HMIELESKI K M, BARON R A. Regulatory focus and new venture performance: a study of entrepreneurial opportunity exploitation under conditions of risk versus uncertainty [J]. *Strategic entrepreneurship journal*, 2008,2(4):285-299.

[2] MCMULLEN J S, SHEPHERD D A. Regulatory focus and entrepreneurial intention: action bias in the recognition and evaluation of opportunities[J]. *Frontiers of entrepreneurship research*, 2002, 22(2):61-72.

[3] PALICH L E, BAGBY D R. Using cognitive theory to explain entrepreneurial risk-taking: challenging conventional wisdom [J]. *Journal of business venturing*, 1995, 10(6):425-438.

[4] SIMON M, HOUGHTON S M, AQUINO K. Cognitive biases, risk perception, and venture formation: how individuals decide to start companies [J]. *Journal of business venturing*, 2000,15(2):113-134.

[5] BARBOSA S D, KICKUL J, LIAO-TROTH M. Development and validation of a multidimensional scale of entrepreneurial risk perception [C] . Philadelphia, USA: Academy of Management, 2007:1-6.

[6] AREND R J, SAROOGHI H, BURKEMPER A. Effectuation as ineffectual? Applying the 3E theory-assessment framework to a proposed new theory of entrepreneurship [J] . *Academy of management review*, 2015,40(4):630-651.

[7] READ S, SARASVATHY S D, DEW N, et al. Response to Arend, Sarooghi, and Burkemper (2015): cocreating effectual entrepreneurship research [J] . *Academy of management review*, 2016,41(3):528-536.

[8] WELTER C, MAUER R, WUEBKER R J. Bridging behavioral models and theoretical concepts: effectuation and bricolage in the opportunity creation framework [J] . *Strategic entrepreneurship journal*, 2016,10(1):5-20.

[9] PALMIÉ M, HUERZELER P, GRICHNIK D, et al. Some principles are more equal than others: promotion-versus prevention-focused effectuation principles and their disparate relationships with entrepreneurial orientation [J] . *Strategic entrepreneurship journal*, 2019,13(1):93-117.

[10] HARMS R, SCHIELE H. Antecedents and consequences of effectuation and causation in the international new venture creation process [J] . *Journal of international entrepreneurship*, 2012,10(2):95-116.

[11] SARASVATHY S D. Causation and effectuation: toward a theoretical

shift from economic inevitability to entrepreneurial contingency [J] . *Academy of management review*, 2001,26(2):243-263.

[12] BARRINGER B R, BLUEDORN A C. The relationship between corporate entrepreneurship and strategic management [J] . *Strategic management journal*, 1999,20(5):421-444.

[13] MULLINS J W, KOMISAR R. A business plan? Or a journey to plan B? [J] . *Mit sloan management review*, 2010,51(3):1.

[14] SARASVATHY S D. *Effectuation: elements of entrepreneurial expertise* [M] . Edward Elgar Publishing, 2008.

[15] SARASVATHY S, KUMAR K, YORK J G, et al. An effectual approach to international entrepreneurship: overlaps, challenges, and provocative possibilities [J] . *Entrepreneurship theory and practice*, 2014,38(1):71-93.

[16] DEW N, READ S, SARASVATHY S D, et al. Effectual versus predictive logics in entrepreneurial decision-making: differences between experts and novices [J] . *Journal of business venturing*, 2009,24(4):287-309.

[17] KEH H T, DER FOO M, LIM B C. Opportunity evaluation under risky conditions: the cognitive processes of entrepreneurs [J] . *Entrepreneurship theory and practice*, 2002,27(2):125-148.

[18] KRUEGER JR N F, REILLY M D, CARSRUD A L. Competing models of entrepreneurial intentions [J] . *Journal of business venturing*,

2000,15(5-6):411-432.

[19] SOUITARIS V, ZERBINATI S, AL-LAHAM A. Do entrepreneurship programmes raise entrepreneurial intention of science and engineering students? The effect of learning, inspiration and resources [J] . *Journal of business venturing*, 2007,22(4):566-591.

[20] ZHAO H, SEIBERT S E, HILLS G E. The mediating role of self-efficacy in the development of entrepreneurial intentions. [J] . *Journal of applied psychology*, 2005,90(6):1265.

[21] AMIT R, MULLER E, COCKBURN I. Opportunity costs and entrepreneurial activity [J] . *Journal of business venturing*, 1995,10(2):95-106.

[22] BIRLEY S, WESTHEAD P. A taxonomy of business start-up reasons and their impact on firm growth and size [J] . *Journal of business venturing*, 1994,9(1):7-31.

[23] BARON R A. The cognitive perspective: a valuable tool for answering entrepreneurship' s basic "why" questions [J] . *Journal of business venturing*, 2004,19(2):221-239.

[24] BROCKNER J, HIGGINS E T, LOW M B. Regulatory focus theory and the entrepreneurial process [J] . *Journal of business venturing*, 2004,19(2):203-220.

[25] WALLACE J C, LITTLE L M, HILL A D, et al. Ceo regulatory foci,

environmental dynamism, and small firm performance [J]. *Journal of small business management*, 2010,48(4):580-604.

[26] CHANDLER G N, DETIENNE D R, MCKELVIE A, et al. Causation and effectuation processes: a validation study [J]. *Journal of business venturing*, 2011,26(3):375-390.

[27] REYMEN I M, ANDRIES P, BERENDS H, et al. Understanding dynamics of strategic decision making in venture creation: a process study of effectuation and causation [J]. *Strategic entrepreneurship journal*, 2015,9(4):351-379.

[28] OTT T E, EISENHARDT K M, BINGHAM C B. Strategy formation in entrepreneurial settings: past insights and future directions [J]. *Strategic entrepreneurship journal*, 2017,11(3):306-325.

[29] ENGEL Y, DIMITROVA N G, KHAPOVA S N, et al. Uncertain but able: entrepreneurial self-efficacy and novices' use of expert decision-logic under uncertainty [J]. *Journal of business venturing insights*, 2014(1):12-17.

[30] ALSOS G A, CLAUSEN T H, HYTTI U, et al. Entrepreneurs' social identity and the preference of causal and effectual behaviours in start-up processes [J]. *Entrepreneurship & regional development*, 2016,28(3-4):234-258.

附录 1

尊敬的先生/女士：

　　您好！我们正在开展一项以"人格与决策"为主题的研究。我们拟基于此数据进行科学的分析并做出相关的研究结论。您的支持和及时客观的反馈都将对此项研究的顺利进行具有重大意义。您的回答无对错之分，请您结合自身实际情况进行作答。您所提供的资料仅做研究使用，我们保证对您填写的所有内容保密。感谢您的配合！

　　基本情况

　　1. 您的性别：○ 男　　○ 女

　　2. 您的年龄：_____

　　3. 您工作了____年____月

　　4. 您的手机后四位：_____

　　5. 您所在的行业（可多选）：_____

　　A）零售业　　B）制造业　　C）批发业

　　D）建筑业　　E）金融业　　　F）其他

请你结合自身情况对下列陈述进行评价，并在相应的框内打"√"。

题　项	1 非常不同意	2 比较不同意	3 有些不同意	4 既不反对也不同意	5 有些同意	6 比较同意	7 非常同意
1. 我通常关注生活中的负面事件。	1	2	3	4	5	6	7
2. 我担心不能完成我的责任和义务。	1	2	3	4	5	6	7
3. 我经常思考如何实现自己的愿望和抱负。	1	2	3	4	5	6	7
4. 我经常会想将来我可能会成为怎样的人。	1	2	3	4	5	6	7
5. 我经常会想我希望将来要成为怎样的人。	1	2	3	4	5	6	7
6. 我通常关注我希望在未来取得的成功。	1	2	3	4	5	6	7
7. 我经常担心我不能实现我的工作目标。	1	2	3	4	5	6	7
8. 我经常思考如何获取工作上的成功。	1	2	3	4	5	6	7
9. 我经常想象自己在经历糟糕的事情，我害怕这些事情可能会发生在我身上。	1	2	3	4	5	6	7
10. 我经常思考如何能避免失败。	1	2	3	4	5	6	7
11. 我更倾向于避免损失而不是获得收益。	1	2	3	4	5	6	7
12. 我当前的主要目标是实现生涯抱负。	1	2	3	4	5	6	7
13. 我当前的主要目标是避免生涯失败。	1	2	3	4	5	6	7
14. 我认为自己是一个努力达到"理想自我"的人——实现自我愿望、希望和抱负。	1	2	3	4	5	6	7
15. 我认为自己是一个努力成为"应该自我"的人——履行我的职责、责任和义务。	1	2	3	4	5	6	7
16. 我通常关注生活中的积极结果。	1	2	3	4	5	6	7
17. 我经常想象自己在经历美好的事情，我希望这些事情会发生在我身上。	1	2	3	4	5	6	7
18. 总体而言，我更倾向获得成功而不是避免失败。	1	2	3	4	5	6	7

请阅读以下案例，并回答问题。

谭先生是一个成功的经理人，他在一家跨国公司工作了 4 年。此前，他在当地的一家中型企业工作了 5 年。自己当老板、承担预期风险和创造财富的想法吸引着他。因此，他开始考虑自己创业。

他有一个关于一项新商业项目的想法，决定去问问看这是否是一个好点子。他从一些潜在客户和对该行业十分了解的伙伴那里获得了一些非常积极的反馈。但是谭先生并没有资源进行深入的市场调研以证实这项商业项目是否可行，并且已有的数据太宽泛而且用处不大。不过，基于潜在客户和伙伴们的积极反馈，他认为这是有钱可赚的。他对创业充满了热情，即使他对这个行业或创业毫无经验。

在这个行业的跨国企业并没有聚焦在谭先生所关注的市场细分。他感觉，只要这项新商业项目获得成功，跨国企业很可能就会进入这个市场，他将无法避开这个重大威胁。他不确定这个市场是否仍然在成长还是已经成熟。如果这个市场已经趋向成熟，新商业项目很可能会被排挤出市场。如果这个市场仍然在成长，那么在跨国公司进入这个市场细分之后这项新商业项目还可以生存。他发现在这个行业只有一些小企业还存活着。

谭先生估计他至少需要 ¥900,000 来投资这项新商业项目。由于他自己只有 ¥240,000 存款，他不得不向银行借贷或寻找伙伴来获得剩下的投资资金。

请你评定你在多大程度上同意以下陈述，并在相应的数字上画圈。

	1 非常不同意	2 比较不同意	3 有些不同意	4 既不反对也不同意	5 有些同意	6 比较同意	7 非常同意
1. 这项商业项目的整体风险很高。	1	2	3	4	5	6	7
2. 失败的概率很高。	1	2	3	4	5	6	7
3. 该创始人在经济上将损失一大笔。	1	2	3	4	5	6	7
4. 在预测商业项目发展如何时，有很大的不确定性。	1	2	3	4	5	6	7
5. 我认为这项商业项目是一个机会。	1	2	3	4	5	6	7
6. 这项商业项目值得考虑。	1	2	3	4	5	6	7
7. 在此情境下，这项商业项目是可行的。	1	2	3	4	5	6	7

附录 2

尊敬的先生/女士：

您好！我们正在开展一项以"人格与创业决策"为主题的研究。我们拟基于此数据进行科学的分析并做出相关的研究结论。您的支持和及时客观的反馈将推进此项研究的顺利进行。您的回答无对错之分，请您结合自身实际情况进行作答。您所提供的资料仅做研究使用，我们保证对您填写的所有内容保密。诚挚感谢您的配合！

请你结合自身情况对下列陈述进行评价，并在相应的框内打"√"。

题　项	1 非常 不同 意	2 比较 不同 意	3 有些 不同 意	4 既不 反对 也不 同意	5 有些 同意	6 比较 同意	7 非常 同意
1. 我通常关注生活中的负面事件。	1	2	3	4	5	6	7
2. 我担心不能完成我的责任和义务。	1	2	3	4	5	6	7
3. 我经常思考如何实现自己的愿望和抱负。	1	2	3	4	5	6	7
4. 我经常会想将来我可能会成为怎样的人。	1	2	3	4	5	6	7
5. 我经常会想我希望将来要成为怎样的人。	1	2	3	4	5	6	7
6. 我通常关注我希望在未来取得的成功。	1	2	3	4	5	6	7
7. 我经常担心我不能实现我的工作目标。	1	2	3	4	5	6	7
8. 我经常思考如何获取工作上的成功。	1	2	3	4	5	6	7
9. 我经常想象自己在经历糟糕的事情，我害怕这些事情可能会发生在我身上。	1	2	3	4	5	6	7
10. 我经常思考如何能避免失败。	1	2	3	4	5	6	7
11. 我更倾向避免损失而不是获得收益。	1	2	3	4	5	6	7
12. 我当前的主要目标是实现生涯抱负。	1	2	3	4	5	6	7
13. 我当前的主要目标是避免生涯失败。	1	2	3	4	5	6	7
14. 我认为自己是一个努力达到"理想自我"的人——实现我的愿望、希望和抱负。	1	2	3	4	5	6	7
15. 我认为自己是一个努力成为"应该自我"的人——履行我的职责、责任和义务。	1	2	3	4	5	6	7
16. 我通常关注生活中的积极结果。	1	2	3	4	5	6	7
17. 我经常想象自己在经历美好的事情，我希望这些事情会发生在我身上。	1	2	3	4	5	6	7
18. 总体而言，我更倾向获得成功而不是避免失败。	1	2	3	4	5	6	7

续表

题 项	1 非常 不同 意	2 比较 不同 意	3 有些 不同 意	4 既不 反对 也不 同意	5 有些 同意	6 比较 同意	7 非常 同意
1. 我们对不同的产品和商业模式进行试验。	1	2	3	4	5	6	7
2. 我们现在提供的产品 / 服务与最初构想的产品或服务本质上是一样的。	1	2	3	4	5	6	7
3. 我们现在提供的产品 / 服务与我们最初设想的有很大不同。	1	2	3	4	5	6	7
4. 我们尝试很多不同的途径,直到找到一种可行的商业模式。	1	2	3	4	5	6	7
5. 我们注意不让投入的资源超过我们能够接受的损失。	1	2	3	4	5	6	7
6. 对于最初的点子,我们注意不让冒险的资金超过我们愿意损失的。	1	2	3	4	5	6	7
7. 我们注意不拿太多的钱去冒险,以致在进展不顺利时公司陷入真正的财务困难。	1	2	3	4	5	6	7
8. 当机会出现,我们允许发展该业务。	1	2	3	4	5	6	7
9. 我们根据所拥有的资源调整行动。	1	2	3	4	5	6	7
10. 我们是灵活的,当机会出现,我们就会利用它。	1	2	3	4	5	6	7
11. 我们避免会限制我们灵活性和适应性的行动。	1	2	3	4	5	6	7
12. 我们与客户、供应商以及其他组织和个人制定大量协议,以减少不确定性。	1	2	3	4	5	6	7
13. 我们经常利用从客户和供应商那里获得的事先承诺。	1	2	3	4	5	6	7
14. 我们制定了一种可以最大限度地利用资源和能力的战略。	1	2	3	4	5	6	7
15. 我们设计和规划业务战略。	1	2	3	4	5	6	7
16. 我们研究和选择目标市场,并做出有意义的竞争分析。	1	2	3	4	5	6	7
17. 我们对未来有一个清晰和一贯的愿景。	1	2	3	4	5	6	7
18. 我们规划生产和营销活动。	1	2	3	4	5	6	7

续表

题 项	1 非常 不同 意	2 比较 不同 意	3 有些 不同 意	4 既不 反对 也不 同意	5 有些 同意	6 比较 同意	7 非常 同意
19. 我们的产品需求会有浮动，但变动不大。	1	2	3	4	5	6	7
20. 我们很了解客户需求，而且很容易预测需求的变化。	1	2	3	4	5	6	7
21. 我们公司对它的市场份额很满意。	1	2	3	4	5	6	7
22. 我们公司对它的年销售额很满意。	1	2	3	4	5	6	7
23. 我们公司对它的净利润很满意。	1	2	3	4	5	6	7
24. 我们公司对它的投资回报率很满意。	1	2	3	4	5	6	7

请你评价你在多大程度上同意以下陈述，并在相应的框内打"√"。

您公司 2017 年的年销售额是多少？（　　　）

您公司 2017 年的员工数量是多少？（　　　）

您公司 2017 年的年销售收入相比 2016 年的增长了几个百分比？

（　　　）%

您公司 2017 年的员工数量相比 2016 年的增长了几个百分比？

（　　　）%

基本情况

1. 您的性别：○男　　○女

2. 您的年龄：_____

3. 您的教育程度：

○高中及以下　　○大专　　○大学　　○硕士　　○博士

4. 您的企业成立于哪一年？_____

5. 您创办过几个企业（包括您现在成立的）：_____

6. 在成立现有公司之前，您花了几年的时间管理之前成立的公司：

_____

7. 您在非自己创办的企业工作过几年：_____

8. 您在该企业的职位是：○一般管理者　　○ 技术人员或专业人员

9. 您成立现有公司的最初资本是多少？_____

10. 您最初资本的来源包括：_____

○创业者积蓄　　○合伙人的股权出资　　○贸易信贷

○家庭抵押贷款　○银行贷款

○来自朋友或亲戚的资金　　○来自外部投资者的资金

11. 您所在的行业（可多选）：

A）零售业　　B）制造业　　C）批发业　　D）建筑业

E）金融业　　F）电子信息与软件行业　　G）其他